KB199925

예배 WORSHIP

This book was first published in the United States by Moody Publishers,
820 N. LaSalle Blvd., Chicago, IL 60610 with the title

Worship

by A. W. Tozer

Copyright ⓒ 2017 by The Moody Bible Institute of Chicago

Translated by permission.
All rights reserved.

This Korean Translation Copyright ⓒ 2019 by Kyujang Publishing Company

A. W. 토저 인사이트 INSIGHT 시리즈

시대를 일깨웠던 토저. 언제나 명료하고 도전적이었던 그의 설교는 오늘을 사는 우리에게도 전혀 어색하지 않을 만큼 시대를 뛰어넘는 명설교였다. Moody Publishers에서는 토저의 명설교 중에서도 주옥같은 글들을 주제별로 모아 'INSIGHT'(통찰력) 시리즈로 출간했는데, 규장에서 이 시리즈를 한국 독자에게 번역, 소개한다. 하나님은 토저의 통찰력을 통해 우리에게 많은 것들을 가르치시며, 우리의 영혼에 빛을 비춰주셨다. 그러나 아무리 좋은 설교라도 그것이 우리의 삶에 적용되어 열매를 맺을 때에야 진정한 가치를 발하는 법이다. 이 시리즈를 통해 토저에게 배우고 자신을 점검하며 하나님께 한 걸음 더 가까이 나아가게 되기를 기대한다.

예배
■ WORSHIP ■

A. W. 토저 지음 ㅣ 케빈 P. 에머트 편집

규장

CONTENTS

PART 2 이렇게 예배하라

삶의 가장 고귀한 목표,
예배

토저는 살아 계신 하나님을 만났고 영과 진리로 하나님을 예배하는 것을 삶의 가장 고귀한 목표로 삼은 사람이었다. 토저에게 하나님 다음으로 가장 중요한 주제가 있다면 아마도 '예배'일 것이다. 이 책에서 소개하는 11편의 글들은 바로 이 주제에 관한 토저의 가르침들을 보여주는 작은 견본(見本)이다.

목회자이자 작가로서 토저의 주된 목표는 사람들이 그들을 창조하신 하나님을 사랑하고 예배하도록 돕는 것이었다. 그는 선지자다운 활력으로, 우리를 향한 하나님의 부르심을 인식하도록 촉

구한다. 그래서 우리가 하나님의 뜻대로, 그분의 임재 안에서 그분의 영광을 위해 살게 하려 한다.

이제 당신은 우리가 창조된 주요한 이유가 '예배'라는 것과 우리 예배의 대상이신 삼위일체 하나님이 우리가 상상하는 것보다 훨씬 더 뛰어나신 분임을 인식하라는 부름에 직면할 것이다.

토저의 말을 직접 들어보자.

그렇다. 사랑하는 하나님을 예배하는 것은 인간이 존재하는 이유의 전부다. 그것은 우리가 태어난 이유이며, 또한 우리가 위로부터 거듭나는 이유이다. 그것은 우리가 창조된 이유이자, 우리가 재창조된 이유이다. 태초에 창세기(genesis)가 있었던 이유이며, 중생(regeneration)이라 불리는 새로운 창세기(re-genesis)가 존재하는 이유이다. 그것은 또한 교회가 존재하는 이유이다. 그리스도의 교회는 무엇보다 하나님을 예배하기 위해 존재한다. 다른 모든 것은 그 다음이 되어야만 한다.

이미 오래 전에 세상을 떠난 한 사람의 말이지만, 만물의 주(主)이신 참 하나님을 알고 높이는 것에 비하면 이생의 모든 것과 우리의 모든 야망들은 하찮을 뿐이라는 영원한 진리를 증명한다.

　토저는 우리가 그 자신이나 그의 글에 초점을 두지 않고 언제나 사랑하며 전능하신 하나님께 초점 두기를 원할 것이다. 이 책에 수록된 각각의 글들이 당신으로 하여금 하나님을 바라보게 하고 경외심과 감사함으로 하나님을 예배하도록 영감을 불어넣어 주길 바란다.

*일러두기: 이 책의 각 장은 토저의 여러 책들에서 발췌한 것으로, 각 장 끝부분에 발췌한 곳을 원서 기준으로 표기해두었다.

PART 1

존재의 이유를
발견하다

WORSHIP

CHAPTER 01

우리의 예배에
무슨 일이 생겼는가?

내가 네 행위를 아노니 네가 차지도 아니하고 뜨겁지도 아니하도다
네가 차든지 뜨겁든지 하기를 원하노라
네가 이같이 미지근하여 뜨겁지도 아니하고 차지도 아니하니
내 입에서 너를 토하여 버리리라 계 3:15,16

그리스도의 교회들은 오래 전부터 예견된 위험한 시대에 이르렀
다. 이런 때에 서로의 등을 토닥이며 자축하고 즐거운 노래를
부를 수도 있다.

"나는 부자라 부요하여 부족한 것이 없다!"

요즘 우리 교회에 부족한 것이 거의 없는 것은 명백한 사실이
다. 가장 중요한 것을 제외한다면 말이다. 우리가 잃어버리고
있는 것은 우리 자신을 진실하고 거룩한 제물로 드리는 것과 하

나님 우리 주 예수 그리스도의 아버지께 드리는 예배이다.

가장 중요한 것을 잃어버린 교회

요한계시록의 메시지를 보면, 라오디게아교회의 천사가 이렇게 비난하며 호소하는 내용이 나온다.

"네가 말하기를 나는 부자라 부요하여 부족한 것이 없다 하나 … 무릇 내가 사랑하는 자를 책망하여 징계하노니 그러므로 네가 열심을 내라 회개하라"(계 3:17,19).

나는 복음주의적이며 성경을 믿고 그리스도를 공경하는 교회들에게 충성과 책임을 다했고 앞으로도 늘 그럴 것이다. 우리는 급속히 성장해왔다. 대형 교회들이 세워지며 큰 회중들이 모이고 있다. 높은 수준들을 자랑스러워하며, 부흥에 대해서도 많이 이야기한다. 하지만 나에게는 한 가지 질문이 있다. 이는 단순히 수사학적인 질문이 아니다.

"우리의 예배에 무슨 일이 일어나고 있는가?"

많은 이들은 이렇게 답한다.

"우리는 부요하여 부족한 것이 없다. 그것이 하나님의 축복에 대해 말해주지 않는가?"

사람들이 자주 인용하는 장 폴 사르트르(Jean-Paul Sartre)가 자신이 철학과 절망에 의지하는 것을 세속화된 교회를 멀리하는 것으로 묘사한다는 걸 아는가? 그는 이렇게 말한다.

"교회가 내게 가르쳐준, 요즘 유행하는 하나님 안에서는 내 영혼을 기다리고 계신 하나님을 인식할 수 없었다. 나에겐 창조주가 필요했는데, 내가 소개받은 것은 거대한 사업가였다!"

대부분의 사람들은 자신이 실제로 주변에 나타내는 모습에 대해 큰 관심을 갖지 않는다. 자신이 예수 그리스도께 속했다고 고백하면서도 그분의 사랑과 긍휼을 나타내 보이지 못할 때는 정말 그렇다. 근본주의자들이자 정통파 그리스도인들인 우리는 '호랑이'라는 평판을 받아 왔다. 즉 진리를 위해 싸우는 위대한 투사들이라는 말이다. 우리의 손애는 자유주의자들과 싸울 때 손에 끼웠던 도구로 인해 생긴 굳은살이 가득하다. 자유주의자들은 성경을 믿을 수 없다고 말한다. 그들은 예수 그리스도가 유일한 하나님의 아들이라는 것을 믿을 수 없다고 말한다. 적어도 이에 대해서는 그들 대부분이 솔직하다.

잃어버린 세상을 위해 우리의 기독교 신앙이 갖는 의미 때문에 우리에게는 진리를 옹호하고, 필요하면 믿음을 위해 싸워야 할 의무가 있다. 그러나 신앙과 신학에 있어 자유주의자들을 다룰 때 더 좋은 방법이 있다. 비유적으로 말하자면, 우리의 손가락에 낀 도구를 이용해 그들의 머리를 치는 것보다 우리가 그리스도를 닮은 사람들이 됨으로써 그들을 위해 훨씬 더 많은 일들을 할 수 있다. 게다가 나는 우리가 그들을 저주함으로써 그들을 무릎 꿇게 만들지 못할 거라고 확신한다. 그보다는 우리가 하나님의 영의 인도를 받고 이 세상에 필요한 하나님의 사랑을 나타낸다면 더 매력적인 신자들이 될 것이다.

이와 관련해 신기하고 놀라운 사실은 참으로 매력 있고 사랑 많은 신자들이 자신의 매력에 대해 알지 못한다는 것이다. 과거의 훌륭한 성인(聖人)들은 자기들이 그렇다는 사실을 몰랐다. 누군가 그들에게 말해주었더라도 그들은 믿지 않았을 것이다. 그러나 그들 주변의 사람들은 예수님이 그들 안에 살고 계시는 것을 알았다. 우리에게 그리스도 안에 있는 하나님의 목적들이 분명해지면 우리도 그 매력적인 성도들의 대열에 동참하게 될 거라 생각한다. 하나님을 하나님으로 예배하기 시작할 때, 우리는 그런 성도들이 된다.

때로 복음주의 그리스도인들은 하나님의 본성과 창조와 구속에 담긴 그분의 목적들에 대해 혼란스러워하고 확신도 없는 것 같다. 이런 경우는 종종 설교자들의 잘못일 때가 있다. 즉, 우리가 술을 마시지 않고, 담배를 피지 않으며, 극장에 가지 않도록 하기 위해 그리스도가 죽으셨다고 말하는 설교자들과 교사들이 아직도 있다. 그러니 사람들이 혼란스러워하는 것도 이상한 일이 아니다! 그런 것들이 구원의 이유로 제시된다면 그들이 습관적으로 과거의 행실로 돌아가는 것은 당연한 일이다.

예수님이 동정녀에게 태어나사 본디오 빌라도에게 고난을 받으시고, 십자가에서 돌아가시고, 무덤에서 살아나신 것은 반역자들을 예배자들로 만들기 위함이셨다! 그분은 은혜를 통해 그 모든 일을 행하셨다. 우리는 수혜자들이다. 극적으로 들리지는 않더라도, 바로 그것이 하나님의 계시이며 하나님의 방법이다.

헌신은 깊은 예배에서 나온다

우리가 하나님에 대해 잘못 생각하는 또 한 가지 예는 하나님을 도움이 필요한 존재로 여기는 태도이다. 즉 그분이 충분한 도움을 받지 못해 좌절한 감독관 같은 분으로, 길가에 서서 얼마나 많은 사람들이 그분을 도우러 와서 그분의 일을 시작할지 묻고 계시다고 여기는 것이다.

오, 그분이 누군지를 우리가 기억하기만 한다면! 하나님은 실로 우리 중 누구도 필요치 않으시다. 그 누구도. 그러나 우리는 하나님이 우리를 필요로 하시는 것처럼 행동하며, 누군가가 '주님을 위해' 일하는 데 동의하면 그것을 대단하게 생각한다.

우리는 모두 기꺼이 하나님을 위해 일해야 하지만, 그것은 하나님으로부터 오는 은혜의 문제다. 나는 우리가 하나님께 드리는 예배의 의미와 기쁨을 배우기 전까지는 하나님을 위해 일하는 것에 대해 관심을 갖지 말아야 한다고 생각한다. 예배자는 영원한 속성을 가진 일을 할 수 있다. 그러나 예배하지 않는 사람은 하나님이 세상에 불을 내릴 때를 위해 나무와 건초와 볏짚을 쌓고 있을 뿐이다.

나는 너무 바빠서 이런 말을 듣는 것도 싫어하는 그리스도인들이 많을까봐 두렵지만, 그것이 사실이다. 하나님은 우리를 창조하신 목적을 따라 우리를 다시 부르려 하신다. 그 목적은 하나님을 예배하고 영원히 그분을 즐거워하는 것이다! 우리가 하나님의 일을 하는 것은 우리의 깊은 예배로부터 오는 것이다.

한 대학교 총장이 교회가 "빈발하는 아마추어리즘으로 고생하고 있다"라고 말하는 것을 들었다. 즉 훈련도, 준비도 되어 있지 않고, 영적이지도 않은 한 사람의 공허한 입에서 시작된 종교적인 일에 대해 듣고 대가를 지불하며 홍보하는 많은 추종자들을 발견할 수 있다는 것이다. 그 사람이 일을 시작하기 전에 먼저 하나님으로부터 말씀을 듣지 않았다는 사실은 매우 명백해질 것이다.

이런 일들이 우리 주변에서 일어나는 이유는 우리가 예배자들이 아니기 때문이다. 우리가 진실로 예배자들이라면 육적이거나 세속적인 종교 프로젝트에 우리의 시간을 쓰지 않을 것이다.

성경의 모든 예들은 기쁘고 헌신적이며 경건한 예배가 도덕적 존재의 일상적인 일임을 보여준다. 우리가 잠깐씩 엿보는 천국과 하나님의 피조물들의 모습은 언제나 하나님의 하나님 되심을 기뻐하고 찬양하며 예배하는 모습이다. 사도 요한은 요한계시록 4장 10,11절에서 하나님의 보좌를 둘러싼 피조물들을 명확하게 묘사한다. 그는 장로들의 모습을 이렇게 표현한다.

"이십사 장로들이 보좌에 앉으신 이 앞에 엎드려 세세토록 살아 계시는 이에게 경배하고 자기의 관을 보좌 앞에 드리며 이르되 우리 주 하나님이여 영광과 존귀와 권능을 받으시는 것이 합당하오니 주께서 만물을 지으신지라 만물이 주의 뜻대로 있었고 또 지으심을 받았나이다 하더라"(계 4:10,11).

나는 하나님의 말씀에 계시된 모든 것을 근거로, 이 세상에서 예배를 지루하게 여기며 관심을 갖지 않는 사람은 누구도 천국에 들어갈 준비가 되어 있지 않다고 자신 있게 말할 수 있다. 그러나 어떤 사람은 이렇게 말할 것이다.

"토저는 믿음으로 의롭다 함을 받는다는 진리를 받아들이지 않는 건가요? 우리는 늘 믿음으로 의롭다 함을 받고, 구원받고, 천국에 간다고 듣지 않았나요?"

분명히 말하지만, 마르틴 루터도 믿음으로 의롭다 함을 얻는다는 것을 나보다 더 굳건히 믿지 않았을 것이다. 나는 이신칭의를 믿는다. 우리는 하나님의 아들을 주와 구세주로 믿음으로써 구원받는다는 것을 믿는다. 그러나 요즘에는 구원받는 것에 관한 치명적이고 자동적인 특성이 있다. 나는 그것이 몹시 불쾌하다. 그 특성이란 이런 것이다.

"5센트만큼의 믿음을 넣고 손잡이를 당겨 작은 구원 카드를 꺼내라. 그것을 당신의 지갑에 넣고 가라!"

이렇게 한 후에 그 사람이 "그래, 난 구원받았어"라고 말할 수 있다. 그는 어떻게 그걸 알게 되었을까?

"나는 동전을 넣었어요. 예수님을 영접하고 카드에 서명을 했어요."

아주 좋다. 카드에 서명을 하는 것은 본질적으로 문제가 없다. 그것은 도움이 될 수 있다. 그러나 실제로 우리가 하나님을 믿음과 구원으로 인도된 것은 하나님을 예배하고 경배하기 위함이다. 우리는 자동적인 그리스도인, 판에 박은 듯한 진부한 그리스도인, 죽으면 없어지는 그리스도인들이 되기 위해 하나님께 나아오는 것이 아니다.

하나님이 구원을 주신 것은 우리가 각각 생기 넘치는 하나님의 자녀들이 되어 온 마음으로 하나님을 사랑하며, 거룩하고 아름다우신 주님을 예배하도록 하기 위함이다.

누가 더 중요한가

이것은 우리가 모두 똑같이 예배를 드려야 한다는 뜻이 아니다. 나는 그걸 말하는 게 아니다. 성령은 어느 누가 미리 생각해둔 아이디어나 공식에 의해 움직이지 않으신다. 그러나 나는 하나님의 성령이 그분의 기름 부음으로 우리 가운데 오실 때 우리가 예배하는 사람들이 된다는 것을 안다. 어떤 사람들은 이것을 인정하기 어렵겠지만, 만일 우리가 모든 은혜와 사랑과 자비와 진리의 하나님을 참으로 예배하고 경배하게 된다면, 모든 사람의 비위를 맞추려고 조용히 있지는 않을 것이다.

첫 종려주일에 모여든 수많은 무리를 묘사한 누가의 글이 떠오른다.

"이미 감람산 내리막길에 가까이 오시매 제자의 온 무리가 자기들이 본 바 모든 능한 일로 인하여 기뻐하며 큰 소리로 하나님을 찬양하여 이르되 찬송하리로다 주의 이름으로 오시는 왕이여 하늘에는 평화요 가장 높은 곳에는 영광이로다 하니 무리 중 어떤 바리새인들이 말하되 선생이여 당신의 제자들을 책망하소서 하거늘 대답하여 이르시되 내가 너희에게 말하노니 만일 이 사람들이 침묵하면 돌들이 소리 지르리라 하시니라"(눅 19:37-40).

여기서 두 가지를 이야기하겠다. 첫째, 나는 우리가 떠들썩한 소리를 낼 때 반드시 하나님을 예배하고 있는 것이라고 믿지는 않는다. 그러나 종종 예배에서는 소리가 들린다. 예수님이 예루살렘에 들어오셔서 자신을 메시아로 소개하실 때 많은 군중과 큰 소음이 있었다. 함께 노래하고 찬양하던 그 많은 사람들은 음을 제대로 맞추지 못했을 것이다. 어디서든 여러 사람이 함께 노래를 부를 땐 음을 못 맞추는 이들이 있기 마련이다. 하지만 이것이 그들 예배의 핵심이었다. 즉, 그들은 하나되어 하나님을 찬양했다.

둘째, 나는 교양 있고 조용하며 차분하고 냉정하고 세련된 사람들에게 경고하려 한다. 교회에서 기쁨에 찬 어떤 그리스도인이 "아멘!" 하고 말하는 것이 부끄럽다면 그들에게는 실상 영적인 깨우침이 필요하다. 그리스도의 몸 안에서 하나님을 예배하는 성도들은 종종 약간 시끄러웠다. 600여 년 전에 살았던 영국의 성인, 레이디 줄리안(Lady Julian)이 우리에게 남겨준 경건한 글들을 읽어보았길 바란다.

어느 날 그녀는 예수님이 얼마나 높고 고귀하신 분인지, 그러면서도 어떻게 우리 인간이 가지는 갈망의 가장 미천한 부분들까지 직접 충족시켜주시는지에 대한 자신의 생각을 기록했다. 그런 축복을 마음속으로 받아들인 그녀는 자신을 주체할 수가 없었다. 그래서 라틴어로 크게 외치며 하나님을 찬양했다. 그녀가 외친 말은 이것이었다.

"하나님께 영광을!"

친구여, 그것이 당신을 불편하게 한다면, 아마도 성령께서 하나님을 예배하는 성도들 가운데 공급해주려고 기다리고 계신 영적 축복과 기쁨이 어떤 것인지를 당신이 모르기 때문일 것이다.

큰 소리로 하나님을 찬양하는 제자들을 꾸짖어달라고 예수께 요청하는 바리새인들에 대해 누가가 뭐라고 했는지 아는가? 그들의 의식 규례는 "하나님께 영광을!"이라고 작게 속삭이는 것은 허용했으나, 큰 소리로 말하는 것은 정말 귀에 거슬렸을 것이다. 예수님은 사실상 바리새인들에게 이렇게 말씀하셨다.

"그들은 옳은 일을 하고 있다. 내 아버지 하나님과 나와 성령은 예배를 받아야 마땅하다. 사람들이 나를 예배하지 않으면 돌들이 크게 외쳐 나를 찬송할 것이다!"

그 세련되고 부드럽고 우아하고 종교적인 바리새인들이 바위가 소리 내어 하나님을 찬양하는 것을 들었다면 아마 그 자리에서 죽었을 것이다.

지금 우리에게는 훌륭한 교회들이 있고, 아름다운 성전이 있다. 우리는 함께 "부족함이 없도다"라고 노래한다. 그러나 우리에게 예배자들이 필요하다는 현저한 징후들이 보인다.

영적인 기쁨과 빛에 대한 갈망이 없고 교회의 기도 모임에는 절대 안 나오면서 교회 위원회 자리에는 앉고 싶어 하는 사람들이 많다. 이들은 종종 교회 예산과 지출에 관한 결정을 내린다. 그러면 새 건물에 불필요한 장식들이 들어갈 것이다. 그들은 교회를 운영하는 자들이긴 하지만, 당신은 그들을 기도 모임에 데려갈 수 없다. 그들은 예배자들이 아니기 때문이다. 어쩌면 당신은 이것이 중요한 문제라고 생각하지 않을지도 모르지만, 내 생각엔 그것이 당신에게 중요한 영향을 미친다.

기도하지 않고 예배하지 않는 사람들이, 그럼에도 불구하고 사실상 교회의 많은 부분을 운영하고 궁극적으로 교회가 취할 방향을 결정하는 끔찍한 모순은 항상 있어 왔던 것 같다. 어쩌면 이것이 우리의 정확한 상황인지도 모르겠다.

그러나 또한 우리는 많은 '좋은' 교회들 안에서 여자들이 기도를 하고 남자들이 투표를 하게 한다는 것을 시인해야 한다. 참 예배자들이 아닌 우리는 교회에서 보내는 많은 시간 동안 그저 기름만 태우면서 빈둥거리고, 시끄럽게 떠들지만 아무것도 이루지 못한다.

하나님은 우리를 예배로 부르신다. 그러나 많은 경우, 우리는 그저 극장을 운영하듯 오락에 빠져 있다. 복음주의 교회들 안에 있는 이들도 마찬가지다. 솔직히 말하면, 우리가 전도하려는 사람들의 대부분은 아마추어 배우들이 장기자랑하는 것을 보려고 교회에 오지 않을 것이다. 정치 외에도, 말은 많고 행동은 적으며 바람은 많고 비는 적게 오는 활동 분야가 또 있는 셈이다.

다시 예배로 돌아가자

하나님이 요구하시는 놀랍고 아름다운 예배를 위해 우리는 무엇을 할 것인가? 나는 이 거친 세상에서 다른 어떤 것보다 하나님을 예배할 것이다. 내 서재에 얼마나 많은 찬송가집들이 쌓여 있는지 말로 다할 수가 없다. 나는 노래를 잘하지 못하지만, 상관없다. 하나님은 나를 오페라 배우로 생각하시니까! 내가 오래된 프랑스어 찬송가와 라틴어 찬송가를 번역된 가사로 부를 때면, 하나님은 그것을 듣고 계신다. 동방 교회의 오래된 헬라어 찬송가를 부를 때나 아름다운 시편 찬송가를 부를 때, 와츠와 웨슬리가 지은 더 간단한 노래들을 부를 때, 하나님은 모두 들고 계신다.

내가 다른 무엇보다 더 하나님을 예배하고 싶다고 하는 말은 진심이다. 당신은 "당신이 하나님을 예배하면 다른 것은 아무것도 하지 않는 것이다"라고 대답할지도 모르겠다. 그러나 그것은 당신이 자신의 숙제를 하지 않았다는 걸 보여준다. 예배의 아름다운 부분은 그것이 당신을 준비시키고 하나님을 위해 해야 할 중요한 일들에 집중할 수 있게 해준다는 것이다.

내 말을 잘 들어보라! 실제로 사도 바울까지 거슬러 올라가보면, 그리스도의 교회에서 나타난 모든 훌륭한 행동들이 하나님에 대한 빛나는 예배로 타오르는 사람들에 의해 행해진 것임을 알 수 있다. 간절한 예배자들이 또한 훌륭한 사역자들이 되었다는 것은 교회사 연구가 입증해줄 것이다. 우리가 부드럽게 부르는 찬송가를 지은 훌륭한 이들은 적극적인 믿음을 발휘한 자들로, 우리는 그들이 어떻게 그 모든 일을 했는지 궁금해해야 한다.

큰 병원들은 예배하는 사람들의 심장에서 생겨났다. 정신질환자 보호시설들은 예배를 드리는 가운데 연민을 품게 된 사람들의 심장에서 생겨났다. 또한 우리는 교회가 무기력 상태에서 벗어나고 잠에서 깨어나 부흥과 영적 회복의 흐름으로 들어선 곳에는 언제나 그 배후에 예배자들이 있었다고 말해야 할 것이다.

만약 우리가 그냥 물러서서 "그러나 우리가 예배에만 전념한다면 아무도 일을 하지 않을 것이다"라고 말한다면 실수를 범하게 될 것이다. 반대로, 우리가 예배를 향한 하나님의 부르심에 헌신한다면 모든 사람이 지금 하고 있는 일보다 더 많은 일을 하게 될 것이다. 그가 하는 일들이 중요성과 의미를 갖게 될 것이다. 그 일들은 영원함의 속성을 갖게 될 것이다. 즉 그것은 나무나 건초나 볏짚이 아니라 금과 은과 귀한 보석들이다.

왜 우리가 하나님의 경이로운 일들에 대해 침묵해야 하는가? 우리는 아이작 와츠(Isaac Watts)의 찬송가를 기쁘게 함께 불러야 한다.

송축하라, 오 내 영혼아, 살아 계신 하나님을
방황하는 생각들을 불러 모아
내 모든 힘을 다해
거룩한 일과 예배에 드리리

송축하라, 오 내 영혼아, 은혜의 하나님을
그분의 은혜를 가장 높이 찬송하리라
그분이 행하신 놀라운 일들이
어찌 침묵 속에 사라지고 잊혀져야 할까

온 땅이 하나님의 능력을 고백하고

온 땅이 그분의 은혜를 사모하게 하라

이방인들이 유대인들과 함께

거룩한 일과 예배에 동참하리라

　

내가 당신을 대변할 수는 없지만, 나 자신은 예배하는 사람들 가운데 있길 원한다. 그저 목사가 시동을 걸면 작동하는 기계처럼, 거대한 교회라는 기계의 한 부분이 되길 원치 않는다. 당신도 알다시피 목회자는 모든 사람을 사랑하고 모든 사람은 그를 사랑한다. 그는 그 일을 해야 한다. 그리고 그는 그 일에 대한 대가를 지급받는다.

나는 우리가 다시 예배로 돌아가길 원한다. 그러면 사람들이 교회 안에 들어설 때 자기들이 거룩한 사람들, 하나님의 사람들 가운데 들어왔다는 걸 느끼게 될 것이다. 그들은 "분명히, 하나님이 이곳에 계신다"라고 증언할 것이다.

* *Whatever Happened to Worship: A Call to True Worship*.
　Christian Publications, 1985; WingSpread, 2012 재출간.

CHAPTER 02

하나님을
실망시키다

그러므로 내가 이것을 말하며 주 안에서 증언하노니
이제부터 너희는 이방인이 그 마음의 허망한 것으로 행함같이 행하지 말라
그들의 총명이 어두워지고 그들 가운데 있는 무지함과
그들의 마음이 굳어짐으로 말미암아
하나님의 생명에서 떠나 있도다 엡 4:17,18

자신이 교회 안에서 태어났다고 느끼는 많은 사람들, 그리고 자기 교회의 전통들을 그저 당연한 것으로 여기는 많은 사람들은 끊임없이 질문한다.

"우리는 왜 교회에서 하는 일을 하면서 그것을 '예배'라고 부르는가?"

그들은 베드로가 '왕 같은 제사장, 거룩한 나라, 특별한 백성'으로 묘사하는 신자들이 어떤 사람들인지 거의 모르고, 그에 대

해 감사하는 마음은 더욱 없는 것 같다. 그러므로 나는 종교적 배경을 가진 사람들이 아직 하지 못한 질문을 하려 한다.

"그리스도의 교회의 참된 정의는 무엇인가? 교회가 존재하는 근본 목적은 무엇인가?"

내가 대답해보겠다. 나는 각각의 신자들이 개별적으로 해야 할 일을 집단적으로 하기 위해 지역 교회가 존재한다고 믿는다. 그것은 바로 하나님을 예배하는 일이다. 그것은 우리를 어두움에서 그의 놀라운 빛으로 불러내신 하나님의 위대하심을 나타내는 것이다. 성령의 사역을 통해 늘 우리에게 비추는 그리스도의 영광을 나타내는 것이다.

성장의 바로미터

지금 내가 하려는 말이 좀 이상하게 들릴 지도 모르겠다. 말하는 내게도 이상하게 들리니 말이다. 그리스도인 공동체 안에서 이런 말을 듣는 것이 익숙하지 않기 때문이다. 그것은 '우리는 하나님을 예배하기 위해 구원을 받는다'라는 것이다.

과거에 그리스도가 우리를 위해 하신 모든 일들과 지금 행하고 계시는 모든 일들은 이 한 가지 목적을 향하고 있다. 만일 우리가 이 진리를 부인하고 예배가 정말로 중요하지 않다고 말한다면 기독교 공동체 안에서 성장이 급격히 저지된 것의 책임이 우리의 태도에 있을 수 있다. 왜 예수 그리스도의 교회가 1학년을 마치는 사람이 거의 없는 영적 학교가 되어야 하는가?

당신은 교육을 잘 받았느냐는 질문을 받은 사람에 대한 오래된 농담을 알고 있을 것이다. 그는 "그럴 거예요. 전 4학년을 5년 동안 다녔거든요"라고 대답했다고 한다. 하지만 자신이 기독교 공동체의 2학년과 3학년을 19년 동안이나 다녔기 때문에 좋은 그리스도인일 거라고 말하는 사람의 고백은 전혀 재미있지 않다.

그리스도의 교회가 모든 사람이 그대로 머물러 있어야 한다는 명제에 충실한 것을 성경에서 발견한 사람이 있었는가? 당신이 그리스도인이고, 믿음으로 모였다면 결코 성장할 필요가 없다는 생각은 어디서 온 것인가? 대체 무슨 근거로 우리가 그리스도인의 성숙함과 영적 성장에 대해 걱정할 필요가 없다고 하는 것인가?

오늘날 교회 안에 모여 있는 사람들에게 그들이 회심하게 된 이유를 묻는다면 이런 대답을 들을 수 있을 것이다.

"우리가 행복하고, 행복하고, 또 행복해질 수 있으니까요! 행복한 사람들은 모두 '아멘'이라고 말합니다!"

이런 모습은 북아메리카와 그 너머까지, 어느 곳이나 마찬가지다. 우리는 전 세계적으로 복음을 전해서 더 많은 1학년 학생들을 얻기 위해 정말 바쁘게 지내는 것 같다. 그렇지만 우리는 주님이 오실 때까지 그 회심자들을 1학년에 머물게 할 수 있다.

그러면 하나님이 그들에게 다섯 고을을 다스리게 하실 거라는 것이 긍정적이고 일반적인 생각인 것 같다.

이제 나를 아는 당신은 내가 똑똑하게 보이고 싶어서, 혹은 교회를 조롱하기 위해 이런 말들을 하는 것이 아님을 잘 알게 되었을 것이다. 분명 나는 더 거룩하게 보이려고 이런 말들을 하고 있는 것이 아니다. 우리는 하나님의 영이 우리에게 이렇게 말씀하시는 시대에 살고 있다.

"잃어버린 사람들에 대한 너희의 관심은 얼마나 진심인가? 그리스도의 교회와 세상에 대한 교회의 증거에 대해 걱정하는 너희의 기도는 얼마나 진실한가? 이 삶과 현대 사회의 압력이 네 가족의 영적 건강과 관련 있을 때 그에 대해 얼마나 많은 영혼의 고뇌를 느끼는가?"

우리가 살고 있는 무서운 시대를 인식하지 못한다면 우리가 사랑하고 관심을 갖는 교회와 사람들에게 큰 해를 끼치게 될 것이다. 당신은 몇 주가 지나고, 몇 달이 지나고, 몇 년이 지나도 모든 것이 그대로일 거라고 믿고 기대할 만큼 어리석은가?

우리는 세상의 다른 나라들보다 캐나다와 미국과 영국의 역사를 더 잘 알고 있을 것이다. 그러나 로마의 역사와 운명도 기억하는 것이 좋겠다. 세상에 알려진 문명화된 제국 중 하나였던 로마는 거대한 썩은 나무처럼 쓰러졌다. 여전히 군사력이 강했고 겉으로는 그 힘을 과시하던 로마였지만, 로마는 내적으로 몰락하고 있었다. 로마는 풍부한 음식과 마실 것과 오락과 쾌락에 빠져 있었고, 당연히 걷잡을 수 없는 정욕과 부도덕에 빠져 있었다.

어떤 거대한 군대가 로마제국을 무너뜨렸는가? 로마는 북쪽에서 온 야만적인 무리, 롬바르드족, 훈족, 동고트족 앞에 무너졌다. 원래 그들은 로마인들의 신발을 관리할 자격도 없는 사람들로 여겨졌다. 그러나 로마는 살이 찌고 연약해지고 부주의하고 무관심해졌고, 로물루스 아우구스투스(Romulus Augustulus)가 AD 476년에 폐위되었을 때 서부의 로마제국은 끝났다.

로마 내에서 일어났던 비극은 현실에 안주하고 세속적인 교회에 해를 끼칠 수 있는 위험과 같은 종류의 것이다. 교만하고 무심한 교회가 영적이고 성숙한 교회, 예배드리는 교회로서 제 역할을 하기는 어렵다. 언제나 하나님 앞에서 실패할 수 있는 위험을 목전에 두고 있는 셈이다.

교회에 충실하고 형식과 전통에 충실한 많은 사람들은 우리 시대의 기독교가 상처를 드러내고 있다는 사실을 부인한다. 사망과 부패를 가져오는 것은 내적 출혈이다. 내적으로 너무 많은 피를 흘리면 우리는 패배하고 말 것이다. 그리스도의 교회, 보이지 않는 그리스도의 몸을 형성하는 신자들에 대한 하나님의 기대들을 기억하라.

교회를 향한 하나님의 기대

그리스도의 교회들이 사교 클럽 같은 역할을 하기 시작할 정도로 타락하는 것은 결코 계시된 하나님의 계획 안에 들어 있지 않았다. 성경이 권고하는 성도들의 교제는 오늘날의 교회들이 기대고 있는 사회적 관계들에 달려 있지 않다. 그리스도의 교회는 지금의 포럼 행사들과 같은 역할을 하기 위해 주어지지 않았다. 하나님은 대중적인 시사 잡지가 교과서 역할을 해서 세속적인 논의가 시작되어 날아오를 수 있게 하는 발사대를 제공하는 걸 원치 않으셨다.

내가 가상과 위선의 연극과 연기에 대해 말하는 걸 들어봤을지 모르겠다. 그렇다면 내가 "예수 그리스도의 교회는 종교적인 극장이 되기 위해 세워진 것이 아니었다"라고 명확하게 단언해도 놀라지 않을 것이다. 우리가 성전을 건축하고 하나님의 예배를 위해 그 성전을 바칠 때, 그곳에서 교회 안의 연예인들이 자신의 아마추어 재능을 발휘할 수 있게 해주어야 할 의무가 주어지는 것인가?

나는 주 예수 그리스도의 고난과 죽음에 근거한 영원한 구원 계획을 우리에게 주신 거룩하시고 사랑하시며 통치하시는 하나님께서 그분의 교회가 이런 곳으로 변할 때 흡족해 하실 거라고 믿지 못하겠다. 우리는 하나님의 백성과 교회와 그리스도의 몸에 대한 하나님의 기대들을 보여주는 성경의 여러 진술들에 반박할 만큼 거룩하지도, 지혜롭지도 않다.

베드로는 우리가 우리를 위한 그리스도의 사역을 귀하게 여기는 신자들이라면 택함 받은 세대요, 왕 같은 제사장이요, 거룩한 나라요, 하나님 보시기에 특별한 사람들임을 상기시켜준다. 바울은 아덴 사람들에게 말하기를, 실질적이고 순종하는 신자와 하나님의 자녀는 하나님 안에서 살고 기동하며 존재한다고 했다.

우리가 우리를 부르신 하나님의 영광을 나타내기 위해 어두움으로부터 부름받았다고 고백한다면, 마치 신약의 교회와 같이 우리의 높은 계획과 소명을 이루기 위해 어떤 일이든 하려고 해야 할 것이다. 이것을 제대로 하지 못하면 그것은 완전한 실패다. 우리 하나님을 실망시켜드리는 것이다. 우리를 구속하신 우리 주 예수 그리스도를 실망시켜드리는 것이다. 우리 자신과 우리 자녀들을 실망시키는 것이다. 또한 오직 거룩하고 성결케 된 사람들이 하나님을 위해 성취할 수 있는 일들을 우리 안에서 이루시기 위해 예수님의 마음으로부터 오신 하나님의 성령을 처참히 실망시켜드리는 것이다.

실패를 인정하라

그리스도의 교회와 그것을 구성하는 성도들에 관한 이 전반적인 개념에 있어, 우리가 하나님을 실망시켜드리게 되는 두 가지가 있다. 우리는 공동의 증거를 잃어버리는 교회가 됨으로 하나님을 실망시킨다. 일반적으로 그와 연관된 것이 바로 개별적인 그리스도인인 우리 각자의 실패다. 우리는 서로를 둘러보면서 가장 오래된 논법 중 하나를 사용해 이렇게 말한다.

"음, 그런 실패는 분명 여기서, 우리 가운데서는 일어날 수 없는 일이야."

우리가 관심을 갖고 기도하는 그리스도인들이라면 한 가지 패턴을 기억할 것이다. 교회가 어느 세대에서 약해져서 하나님의 목적을 수행하지 못하면 그 다음 세대에 이르러서는 완전히 믿음에서 떠나게 된다. 그렇게 해서 교회 안에 변화가 일어나고, 믿음을 버리게 되는 것이다. 그렇게 해서 신앙의 기초가 소홀히 여김을 받고, 건전한 기독교 교리에 관한 불확실한 관점들이 모습을 드러내는 것이다.

교회가 실제로 실패할 수 있다는 것은 심각하고 비극적인 문제다. 실패의 시점은 교회가 더 이상 그리스도의 교회가 아닐 때가 될 것이다. 그러면 남아 있는 신자들은 영광이 떠난 것을 알게 될 것이다.

이스라엘이 광야생활을 할 때 하나님은 그분의 영광과 지속적인 보호의 증거로 낮에는 구름기둥, 밤에는 불기둥을 보여주셨다. 하나님이 그분의 지속적인 임재를 나타내는 그와 같은 신호들을 여전히 주고 계셨다면, 많은 교회들이 낮의 구름과 밤의 불을 어떻게 받아들였을지 궁금하다. 당신에게 영적 지각이 조금이라도 있다면, 어느 세대에나 크든 작든 단지 과거의 유적으로만 존재하는 교회들이 있었다는 사실을 더 말할 필요는 없을 것이다.

영광이 떠났다. 하나님과 구원과 영생의 증거는 지금 불확실한 소리에 불과하다. 유적은 있지만 교회는 실패했다. 하나님은 우리가 포기하고, 항복하며, 교회를 있는 그대로 받아들이며, 지금 일어나고 있는 일들을 묵과하기를 기대하지 않으신다. 하나님은 그분을 믿는 자녀들이 하나님의 말씀 안에서 약속된 기준과 축복에 근거해 교회를 평가하길 기대하신다.

우리는 사랑과 경건함과 기도로, 그리고 성령의 인도하심 안에서 조용히 인내하며 교회를 하나님의 말씀에 맞추기 위해 노력해야 한다. 이런 일이 일어나기 시작할 때, 그리고 하나님의 말씀이 우선시될 때 다시 교회 안에서 성령의 임재가 빛나기 시작할 것이다. 그것이 바로 내가 마음으로 보기를 간절히 열망하는 것이다.

깨달을 때가 돌아설 때다

두 번째는 하나님을 실망시키는 개인들의 문제다. 하나님은 사람을 창조하실 때 각자를 향한 목적들을 갖고 계셨다. 하나님은 우리가 위로부터 새롭게 태어나는 것을 알기 원하신다. 우리가 구원의 의미를 알기 원하신다. 우리가 성령으로 충만해지기를 원하신다. 우리가 예배의 의미를 알기 원하신다. 우리를 그분의 놀라운 빛 안으로 부르신 하나님의 영광을 나타내기를 원하신다.

우리가 이런 면에서 실패한다면, 차라리 태어나지 않는 편이 더 나았을 것이다! 사실은 명백하다. 그것을 되돌릴 길은 없다. 우리가 위로부터 난 후에는 돌아갈 길이 없다. 우리는 책임을 져야 한다.

겉으로는 잎이 나고 자라지만 아무 열매를 맺지 못하는 무화과나무가 되는 것은 얼마나 슬픈 일인가! 하나님께서 우리가 그분의 아름다운 빛을 나타내기 원하신다는 것을 알고 있는데, 정작 우리는 만신창이에 아무 쓸모가 없게 되어 아무것도 비추지 못한다고 고백할 수밖에 없다면 얼마나 슬픈 일인가!

친구여, 분명히 우리는 우리의 상실을 알게 될 것이다. 그것을 깨닫게 될 것이다. 인간으로서 우리에 관한 가장 놀랍고 두려운 것은 하나님이 우리에게 주신 영원한 지각이다. 그것은 하나님이 친히 우리에게 주신 의식, 자각, 감성이다. 그것은 인간에게 주어진 선물, 즉 지각이며 느낄 수 있는 능력이다. 우리가 그런 지각을 받지 못했다면 아무것도 우리에게 해를 끼치지 않을 것이다. 왜냐하면 우리가 그것을 의식하지 못할 것이기 때문이다. 하나님이 인간에게 주신 지각이 없다면, 지옥은 지옥이 아닐 것이다. 지옥이 지옥인 줄도 모르고 잠만 잔다면 지옥은 분명 지옥이 아닐 테니 말이다.

그리스도인 형제자매여, 하나님이 당신에게 주신 감성과 양심과 인간의 선택이라는 복된 선물들에 대해 항상 하나님께 감사하라. 당신은 그리스도를 믿는 자로서 그분이 주신 자리에서 늘 충성하고 있는가?

하나님이 당신을 어두움에서 그분의 빛 가운데로 부르셨다면 당신은 그분을 예배하고 있어야 한다. 당신을 부르신 하나님의 탁월하심과 미덕과 아름다움을 당신이 나타내야 한다는 것을 보여주셨다면 당신의 삶 속에 있는 성령의 빛과 축복으로 겸손하고 기쁘게 하나님을 예배해야 한다.

인간이 항상 하나님이 정해주신 자리에서 기쁘게 하나님을 위해 활동하지 못하는 것은 슬픈 일이다. 사소한 일들과 작은 사건들이 하나님과 우리의 교제를 방해하고 우리의 구세주이신 그분을 위한 영적 증거를 방해하게 할지도 모른다.

예전에 다른 교회의 강단에서 설교할 기회가 있었는데, 예배 후 그 교회 목사님과 식당에 가서 앉았다. 한 남자가 자기 아내와 함께 우리 테이블로 오더니 이렇게 말했다.

"오늘 설교를 듣고 참 기뻤습니다, 토저 목사님. 마치 옛날로 돌아간 것 같았어요."

몇 년 전 교회생활 중에 일어났던 작은 사건을 떠올리며 그의 눈에는 눈물이 맺혔고 그의 음성은 부드러워졌다.

"저는 그저 어리석어서 떠났고, 오늘 제가 무엇을 잃어버렸는지 알게 되었습니다."

그렇게 말한 그는 우리에게 인사를 하고 떠났다. 그 남자는 성령의 인도를 떠난 잘못된 선택들과 성급한 판단의 결과를 충분히 잘 알고 있었다.

나는 그가 내 설교에 대해 말하고 있지 않았다는 걸 잘 안다. 그는 하나님의 말씀에 충실한 것에 대해 말하고 있었다. 주님을 사랑하는 사람들 속에서의 감미롭고 만족스러운 교제에 대해 말하고 있었다. 우리가 하나님의 계시된 진리에 순종할 때만 주어지는 본질적이고 아름다운 것의 상실에 대해 말하고 있었다.

회개하는 자에게 약속된 변화

우리가 하나님의 정결케 된 자녀들로서 하나님을 예배하고 그분의 영광과 신실하심을 나타낸다면 하나님이 우리를 통해 하실 수 있는 일은 무한하다.

우리는 또한 우리 주변에서 죄와 부정함이 행하고 있는 일을 잘 알고 있어야 한다. 죄는 경계선이나 한계를 인식하지 못한다. 죄가 오로지 빈민가에서만 활동할 거라고 생각하지 마라. 죄는 어디에서나 죄다. 그리고 어디든 죄가 있는 곳에는 마귀가 맹위를 떨치며 악령들이 널리 퍼져 있다.

이와 같이 죄악 된 세상에서, 하나님이 당신에게 주신 영적인 빛과 깨달음을 가지고 당신은 무엇을 하고 있는가? 당신의 우정, 즐거운 활동들, 복잡한 일상생활 속에서 하나님과 함께 어디에 설 것인가?

심리학자들은 우리의 종교가 우리를 괴롭히지 못하게 하는 경지에 이를 수만 있다면 우리가 그렇게 많은 문제들을 갖지 않게 될 거라고 한동안 이야기해왔다. 우리는 죄책감을 떨쳐버림으로써 개인적인 문제들을 대부분 해결할 수 있다고 듣는다. 그러나 하나님께서 우리를 영원한 지각을 가진 존재로 만드신 것과 우리에게 적절한 보살핌과 관심을 주시는 법을 아시는 것이 참 감사하다.

나에게 영적 인도와 조언을 구하는 사람들이 있다. 나는 그들을 위해 해줄 수 있는 것이 거의 없다. 그러나 하나님께서는 굴복과 순종의 자리에 이르는 사람에게 필요한 모든 위로를 주겠다고 약속하셨다.

내가 토론토에 도착한 후, 교양 있고 매력적인 한 젊은 여성이 나를 만나러 찾아왔다. 그녀가 왔을 때 우리는 서로를 알기 위해 잠시 대화를 나누었고, 곧이어 그녀가 찾아온 이유를 이야기했다. 그녀는 자기 룸메이트와의 동성애 관계 때문에 괴롭다고 했다. 이미 이 문제에 대해 다른 전문가들과 이야기를 나누어봤다고도 했다.

나는 그녀가 하고 있는 행동이 우리 시대에 허용되는 것임을 확인해주길 바란다는 걸 분명히 느낄 수 있었다. 그러나 대신 나는 그녀를 똑바로 쳐다보며 말했다.

"당신은 동성 간 성행위의 죄를 범하고 있습니다. 하나님은 당신이 알고 있는 죄로부터 돌아서서 그분의 용서와 깨끗하게 하심을 구할 때까지 당신에게 어떤 승인이나 위로를 주지 않으실 겁니다."

"저도 그 말을 들을 필요가 있었다고 생각합니다."

그녀는 이렇게 시인했다.

기독교 사역자이자 상담가였지만, 나에게는 그 여자를 위로하고 달래주며 그녀가 내적으로 경험하고 있는 죄책감의 고통을 누그러뜨려줄 방법이 없었다. 그녀는 자기 죄를 자백하고 믿음으로 임마누엘에서 흘러나온 피로 가득한 '정결케 하는 샘'으로 뛰어드는 결정의 순간까지 그것을 견뎌야 할 것이다. 그것이 치료책이며, 자신의 지각과 감성으로 회개와 용서와 온전함에 이르는 사람들에게 하나님이 약속하신 위로와 꼭 필요한 힘이다.

하나님은 여러 가지 방법으로 그분을 예배하는 사람들이 정결함을 입은 사람들, 하나님을 기쁘시게 하는 삶의 영적 훈련 속에서 기뻐하는 사람들이 될 거라는 확신을 주신다. 성령 안에서 정결함과 기쁨의 복을 발견한 사람은 결코 패할 수 없다. 하나

님을 사랑하고 순종할 때 저절로 솟아나는 예배의 기쁨과 만족
을 발견한 교회는 결코 소멸될 수 없다.

* *Whatever Happened to Worship: A Call to True Worship*.
  Christian Publications, 1985; WingSpread, 2012 재출간.

CHAPTER 03

우리가 존재하는
이유

그리하면 왕이 네 아름다움을 사모하실지라

그는 네 주인이시니 너는 그를 경배할지어다 시 45:11

하나님은 예배를 위해 우리를 만드셨다! 이것이 우리가 창조된 이유이다. 모든 것에는 존재의 이유가 있다. 우리가 가진 이유는 이것이니, 곧 전능하신 아버지, 하늘과 땅의 창조주를 예배하는 것이다.

그런데 우리는 죄를 범하여 영광을 잃어버리고 타락했으며, 빛이 우리 마음속에서 사라졌고, 하나님을 예배하는 것을 멈추었다. 그리고 땅의 것들을 사랑하기 시작했다.

그러나 하나님은 그분의 독생자를 보내셨다. 그는 동정녀 마리아에게 나서서 본디오 빌라도에게 고난을 받으셨고, 십자가에

못 박혀 죽으시고 장사되셨다가 삼일 만에 다시 살아나셨다. 그리고 우리를 회복시켜 다시 예배하도록 하기 위해 하늘나라에서 전능하신 하나님 우편에 앉아 계신다.

그분은 실로 우리를 회복시켜 다시 예배하도록 하실 뿐만 아니라, 그리스도가 아담보다 높으신 것같이 우리를 훨씬 더 높여주신다. 우리가 아담 안에서 할 수 있는 일은 아담과 같을 뿐이나, 그리스도 안에 있으면 우리가 그분을 닮을 때까지 그분이 우리를 높여주시기 때문이다. 따라서 실제로 '구속'은 피조물이 더 향상되는 것이다.

주님은 우리를 구속하셔서 우리가 다시 예배하도록, 다시 우리의 자리를 찾도록, 땅에서도 하늘의 천사들과 같이, 그리고 짐승들과 생물들과 함께 존재하도록 하신다. 우리는 겸허하면서도 기쁨에 찬 경외감과 놀라움과 압도적인 사랑을 마음으로 느끼고 나름의 방식대로 표현할 것이다. 그 오랜 신비, 그 말할 수 없는 위엄, 옛적부터 계신 그 주님 앞에서.

본질을 추구하는 존재

인간의 마음은 신비로운 존재 앞에서 늘 '어떤 사람'(someone)이라고 말하기 전에 '어떤 것'(something)이라고 말한다. 요한일서에서 성령은 이렇게 말씀하신다.

"태초부터 있는 생명의 말씀에 관하여는 우리가 들은 바요 눈으로 본 바요 자세히 보고 우리의 손으로 만진 바라 이 생명이 나타내신바 된지라 이 영원한 생명을 우리가 보았고 증언하여 너희에게 전하노니 이는 아버지와 함께 계시다가 우리에게 나타내신바 된 이시니라 우리가 보고 들은 바를 너희에게도 전함은 너희로 우리와 사귐이 있게 하려 함이니 우리의 사귐은 아버지와 그의 아들 예수 그리스도와 더불어 누림이라"(요일 1:1-3).

영감을 받은 사도는 "…바요 …바요 … 이는"라고 말했고, "… 분이요 … 분이요 … 그는"이라고 말하지 않았다.

왜 요한은 '그분'(He) 대신 '바'(that)이라고 말했는가? 인간의 생각의 근원에 '그것'(it)이 있기 때문이다. 인간의 생각의 근원에는 '그것'(that)이 있다. 대단히 중요한 신비 앞에서 인간의 마음은 위로, 밖으로 향하며 무언가를 느끼고 말한다. 그리고 언제나 '어떤 사람'이라고 말하기 전에 '어떤 것'이라고 말한다.

라틴어로 'esse'라는 작은 단어는 '존재하다' 또는 '실제 존재'라는 뜻이다. 인간의 마음은 바로 이것을 위해 분투한다. 인간의 마음은 본질, 존재, 공감을 찾는다. 인류와 죄와 시간과 공간의 소용돌이치는 바다 한가운데서 인간의 마음은 존재의 반석, 본질적인 존재, 실제 존재를 찾기 위해 씨름한다. 그리고 우리 선조들은 하나님의 실체 또는 본질에 대해 이야기할 때, 성자가 성부의 본질이었다고 말할 때 또는 성령이 같은 성부, 성자의 본질이라고 말할 때 그것을 알았다.

인간의 마음이 가장 갈망하는 것은 "아버지와 함께 있었다"라고 말하는 존재의 반석이다. 우리가 사고하고 기도할 때, 또 하나님의 말씀을 읽고 묵상할 때 '그것'은 '그분'이 된다. 그리고 예수님은 이렇게 말씀하신다.

"그러므로 너희는 이렇게 기도하라 하늘에 계신 우리 아버지여"(마 6:9).

17세기에 살았던 블레즈 파스칼(Blaise Pascal)이라는 사람이 있다. 파스칼은 17세기의 훌륭한 지성인이었고, 비록 내가 그에 대해 어떤 의견을 말할 입장은 못 되지만 개인적으로는 프랑스가 낳은 가장 훌륭한 지성인이라고 생각한다. 확실하게 말하려면 많은 학식이 필요할 것이다.

어찌되었든 이 사람은 역사적으로 중요한 인물이며, 모든 책과 백과사전과 과학과 수학의 역사에서 17세기의 가장 위대한 사상가로 모습을 드러낸다. 그는 과학자였고, 수학자였으며, 또 철학자였다. 그는 많은 책을 쓰지 않았지만, 그가 쓴 글들은 중대한 영향을 끼쳤다. 그것은 인간의 마음속에 마치 하나님의 씨앗처럼 다가왔다. 그는 겨우 20대 초반에 수학, 특히 기하학에 관한 책으로 학문계를 깜짝 놀라게 했다.

그러나 훗날 신학에 관심을 갖게 된 파스칼은 하나님을 발견하고 그리스도인이 되었다. 그는 과학적 연구를 계속하면서 하나님과 그리스도와 구속과 계시에 관한 글도 쓰기 시작했다. 놀라울 정도의 명료함과 통찰이 담긴 그의 글은 당시 대학의 지성인들을 깜짝 놀라게 했다.

파스칼은 작은 간증문을 썼고, 그것을 접어서 자신의 심장 가까이에 평생 품고 다녔다. 길지 않은 그의 글은 라틴어로 조금 쓰여 있고, 나머지는 영어로 번역되었다. 그 글의 일부를 소개하겠다.

밤 10시 30분경부터 12시 30분경까지 불이 붙었다. 오, 철학자들의 하나님도 아니고 지혜로운 자들의 하나님도 아닌, 아브라함의 하나님, 이삭의 하나님, 야곱의 하나님. 안전함, 안전함, 느낌, 기쁨, 평안, 하나님 예수 그리스도가 나의 하나님이시다.

지난 천 년 동안의 뛰어난 지성인 중 한 사람이 이 글을 가슴에 품고 다니는 것을 상상해보라. 세상이 잊고, 하나님을 제외한 모든 사람이 잊는다 해도 우리는 오직 복음서에서 가르치는 길 안에서 그를 발견할 수 있다.

오, 의로우신 아버지, 세상이 아버지를 알지 못하였으나 저는 아버지를 알았습니다. 기쁨, 기쁨, 기쁨, 기쁨, 기쁨의 눈물이여.

그는 그것을 가슴에 품고 다니면서 천국을 공부하고 훌륭한 책들을 저술했다. 그는 사상가와 철학자의 신을 거부하고, 오직 복음의 길에서 발견할 수 있는 우리 주 예수 그리스도의 아버지 하나님을 찾았다.

불이여, 불이여, 10시 반부터 12시 반까지. 주를 위하여 나는 세상을 부인하노라.

모든 존재의 주가 되시는 분

누가복음 2장 11절에서 천사가 말했다.

"오늘 다윗의 동네에 너희를 위하여 구주가 나셨으니 곧 그리스도 주시니라."

이제 계시와 징후의 축복과 경이로움이 온다. '그것'과 실체와 본질을 구하며 울부짖는, 갈급하게 찾는 마음을 향해 천사들이 노래한다.

"그분은 너희의 하나님이시다. 너희는 그분을 예배하라."

하나님은 우리에게 이 예배의 대상을 주셨다. 그분은 인격이시나 또한 존재이시다. 그분은 한 분(one)이시나 또한 그것(that)이시다. 즉 오래된 신비이며, 그 앞에서 천사들도 떠는, 말할 수 없는 위엄이시다. 수세기 동안 불바다를 바라보던 피조물들이 날개를 접고 "거룩하다 거룩하다 거룩하다 만군의 여호와여"(사 6:3)라고 외친다.

나는 그분이 여호와라는 사실에 대해 두 가지만 논하려 한다. 그분은 만유의 주이시며, 우리는 사도행전에서 그것을 발견할 수 있다. 베드로는 그분이 '만유의 주'시라고 말했다(행 10:36). 또한 그분은 모든 존재의 주님이시다.

내가 한 말은 어거스틴의 말만큼 정통적이고, 드와이트 무디의 말만큼 복음주의적이다. 그러므로 익숙하지 않은 언어를 내가 사용하고 있다고 해서 내가 너무 멀리 가고 있다고 생각하지 말라.

그분은 '모든 존재'(all being)의 주님이시지, '모든 존재들'(all beings)의 주님이 아니시다. '모든 존재들의 주님'이라 함은 존재들을 다스리는 일종의 우두머리를 가리킨다. 그런데 주님은 그런 분이 아니시다. 베드로가 의도하거나 말한 것은 그런 것이 아니었다. 주님은 모든 존재의 주님이시다! 즉, 그분은 '존재'라는 개념의 주님이시며, 모든 존재 가능성의 주님이시다. 주님은 그런 분이시고, 그런 분이 주님이시다. 또한 그분은 모든 실제 존재의 주님이시다.

그러므로 우리가 그분을 예배할 때는 모든 과학과 철학을 아우르는 것이다. 과학은 위대하고, 철학은 더 위대하며, 신학은 그보다 더 위대하고, 예배는 모든 것 중 가장 위대하다. 예배는 과학이 갈 수 있는 곳, 인간의 생각이 꿰뚫을 수 있는 곳, 신학의 모든 글귀들과 현실을 살필 수 있다.

그리고 그리스도인이 무릎을 꿇을 때는 정상회담이 이루어진다고 보면 된다. 그보다 더 나아갈 수는 없다. 그보다 더 높이 올라갈 수 있는 천사장은 없다. 그보다 더 높이 불타오를 수 있는 사람은 없다. 왜냐하면 그는 겸손하지만 기쁨에 찬 사랑 안에서 두려운 신비, 압도적인 위엄의 주님을 예배하고 있기 때문이다. 그는 그의 하나님을 예배하고 있다.

따라서 우리가 그리스도인으로 부름받았다는 것은, 단지 몇 가지 것들을 포기하고 몇 가지 나쁜 일들을 하지 않도록 하기 위함이 아니다. 그리스도인은 새로운 탄생과 함께 모든 것을 포기해야 할 것이다. 그는 피가 뿌려진 길을 지나서 끝까지 나아가 사람들이 마음으로 구하고 찾던 것을 발견하기 위해 거듭난 것이다.

낙타 털옷을 입고 허리에 가죽 띠를 두른 한 노인이 디셉 언덕에서 내려왔던 때를 떠올린다. 그는 왕을 본 적이 없었고, 궁전은 알지도 못하는 사람이었다. 소나무 숲이 그의 성전이었고, 바람 소리가 그의 오르간이었다. 밤의 별들이 그에게 이야기했고, 그의 조상들의 여호와 하나님에 대해 속삭여주었다. 그리고 그는 말씀을 알았다. 그는 부패하고 타락한 왕 앞에 나아가 담대하게 말했다.

"나는 엘리야입니다. 나는 하나님 앞에 서 있습니다."

그는 왕실의 불필요한 형식들, 왕관과 홀, 보잘것없는 의자들과 왕좌에 신물이 났다. 그것들에 질린 그는 사실상 이렇게 말한 것이다.

"저는 예부터 계신 분 앞에서 살아왔고, 그래서 왕들을 두려워하지 않습니다. 제가 전할 메시지가 있습니다. 앞으로 비가 오지 않을 것입니다."

그리고 그는 사라졌다. 꼭두각시 같은 왕 앞에서 투박한 위엄을 보이며 걸어 나갔다. 왕은 이세벨이라는, 바알을 숭배하는 여자에게 이용당하는 도구였다.

온 세계가 환호하며 "오! 그들이 위성을 쏘아 올렸다!"라고 외친 때가 있었다. 그들은 위성을 잘 알고 많이 갖고 있다. 하지만 나는 그것이 지루하다. 나는 온 우주를 망라하고 그 우주를 손 안에 두고 계신 분 앞에 서 있기 때문이다. 그분은 별들의 이름을 부르시며, 목자가 양들을 인도하는 것처럼 천국의 푸른 초원을 지나 그들을 이끄셨다.

그러므로 이제 나는 엎드려 예배하며 그 놀라우심을 찬양할 것이다. 나는 태양과 별들과 모든 공간과 시간의 주님, 모든 물질과 모든 운동의 주님을 예배한다.

내가 지나치게 흥분한 것이 아니다. 그분은 모든 존재의 주님이시며, 철학자들과 지혜로운 사람의 주님이 아니시다. 다만 그분은 계시된 하나님이시다. 즉 자신을 계시하시는 하나님, 아브라함과 이삭과 야곱의 하나님, 우리 주 예수 그리스도의 아버지 하나님이시다.

또한 그분은 모든 존재의 하나님이시므로 존재하지 않는 모든 것의 대적이시다. 그러므로 만일 어떤 사람이 삽화가 많은 책을 가지고 당신을 따라와 작은 CD를 틀어주려 하면 문을 닫아버리라. 그리스도인답게 친절하게 대하되, 문은 닫아야 한다. 왜냐하면 그는 당신에게 소멸에 대해 말하려 하기 때문이다. 성경에는 소멸 같은 개념이 없다. 모든 존재의 주님은 모든 존재하지 않는 것의 원수이시다. 또한 하나님은 비존재에 대해 아는 바가 없으시다. 그분은 오직 존재만 아신다.

생명의 주가 되시는 분

그분은 또한 생명의 주님이시다. 요한의 말을 들어보자.

"태초부터 있는 생명의 말씀에 관하여는 우리가 들은 바요 눈으로 본 바요 자세히 보고 우리의 손으로 만진 바라 (이 생명이 나타내신바 된지라 이 영원한 생명을 우리가 보았고 증언하여 너희에게 전하노니 이는 아버지와 함께 계시다가 우리에게 나타내신바 된 이시니라) 우리가 보고 들은 바를 너희에게도 전함은 너희로 우리와 사귐이 있게 하려 함이니 우리의 사귐은 아버지와 그의 아들 예수 그리스도와 더불어 누림이라"(요일 1:1-3).

그러므로 그분은 모든 생명의 아버지이시다. 베드로는 그분이 "만유의 주"시라고 말했다(행 10:36). 다윗은 "그는 네 주인이시니 너는 그를 경배할지어다!"라고 말했다(시 45:11). 그분은 유일한 생명의 근원이시다. 다른 생명은 없으며, 그분이 그 생명의 원천이시다. 우리가 아는 모든 빛은 태양으로부터 온다. 그것이 우리가 아는 전부이다. 모든 빛이 태양으로부터 나오는 것처럼 모든 생명은 하나님과 그 아들 예수 그리스도로부터 온다.

어떤 하나님의 사람이 "주는 생명의 근원이시니 마음껏 주님을 붙잡게 하소서"라고 말할 때 그는 디셉 산의 엘리야와 같았다. 그는 세익스피어와 호메로스를 지나치고, 모든 철학자들과 현자들을 지나쳐서 모든 생명의 주님 앞에 서서 예배를 드리고 있었다.

주는 생명의 근원이시니
마음껏 주님을 붙잡게 하소서
제 마음속에 나타나셔서
영원히 높임을 받으소서

아무리 큰 도서관에 들어갈지라도 당신은 이 네 줄만큼 아름다운 글을 발견하지 못할 것이다. 책과 연극, 그리고 모든 유명인사들을 보아도 그렇다. 장의사가 오면 그들은 모두 멈추게 되어 있다. 그러나 이 사람은 "제 마음속에 나타나셔서 '영원히' 높임을 받으소서"라고 말한다. 별들이 희미해지고 모든 태양이 타서 없어진다 해도 우리는 그분과 함께 있을 것이다. 그분은 생명의 주이시며, 생명의 본질의 주이시고, 모든 생명의 가능성의 주님, 모든 종류의 생명의 주님이이시므로 그분에게서 오지 않는 생명은 없다. 또한 그분은 생명의 주님이시므로 사망의 원수가 되신다.

"그러나 이제 그리스도께서 죽은 자 가운데서 다시 살아나사 잠자는 자들의 첫 열매가 되셨도다 사망이 한 사람으로 말미암 았으니 죽은 자의 부활도 한 사람으로 말미암는도다 아담 안에서 모든 사람이 죽은 것같이 그리스도 안에서 모든 사람이 삶을 얻으리라 그러나 각각 자기 차례대로 되리니 먼저는 첫 열매인 그리스도요 다음에는 그가 강림하실 때에 그리스도에게 속한 자요 그 후에는 마지막이니 그가 모든 통치와 모든 권세와 능력을 멸하시고 나라를 아버지 하나님께 바칠 때라 그가 모든 원수를 그 발 아래에 둘 때까지 반드시 왕 노릇 하시리니 맨 나중에 멸망 받을 원수는 사망이니라"(고전 15:20-26).

주님이 오셔서 사망이 으르렁거리며 입을 벌리는 굴로 들어가셨을 때, 그와 더불어 어둠 속으로 들어가셨다. 우리는 그것을 '언덕 위의 십자가'라고 불렀으나, 으르렁거리는 용이 있는 굴이었다. 그분은 용의 더러운 턱을 부러뜨리시고 셋째 날 다시 살아나셨다. 용의 이빨들을 사방으로 던지셨으니, 그것을 다시 모으지 못할 것이다. 그렇다. 그분은 사망의 원수이시다. 즉 우리

죽음의 원수이시다.

지성소로 들어가라

이것이 우리에게 의미하는 바가 무엇인가? 나는 어느 나이 많은
독일인이 쓴 글을 우연히 보았다.

　　예수가 사시니, 나도 살겠네
　　사망이여! 너의 쏘는 것은 영원히 사라졌도다!
　　나를 죽게 하시는 분이 사셨으니
　　사망의 끈을 끊으셨도다
　　그가 나를 흙에서 일으키시리니
　　예수는 나의 소망이요 믿음이시라

　　이것이 바로 그것이 가지는 의미다. 예수님이 사셨으니, 이제
죽음은 영광으로 들어가는 입구에 불과하다.

　　내 영혼아, 용기를 내어라
　　생명의 관이 네 앞에 있노라
　　네 소망들이 공정했음을 알게 될 것이니
　　예수는 그리스도인이 의지할 분이라

이 글을 쓴 형제는 복음주의자이며 전도자였다. 그는 밖에 있는 불쌍한 죄인들에게 들어올 기회를 주지 않고 그의 찬송가를 마칠 수가 없었다. 그래서 예수님은 살아 계시며, 하나님은 돌아오는 죄인들에게 각각 은혜를 베풀어주신다고 말했다. 그분은 반역자들을 친구로 받아주시며, 그들을 최고의 자리로 높여주신다. 하나님은 공정하신 만큼 참되시다. 예수님은 내 소망이시며 내가 의지하는 분이시다.

그렇게 되는 것이다. 나는 세상이 그것을 들을 수 있길 바란다. 그것을 온 세상에 전하고 싶다. 그것을 널리 퍼뜨리고 싶다. 복음주의 단체들 안에 새 날이 밝아올 때까지 이러한 사상들이 사람들의 마음에 전달되기를 바란다.

"내 머리에 가득한 것을 내 펜이 다 적기 전에 내가 죽음에 이를까 두렵다"라는 존 키츠(John Keats)의 말이 떠오른다. 정말 그랬다. 그는 머리에 가득한 것을 펜으로 옮겨 불후의 시들을 써냈으나 24세에 그 뇌가 어두워졌다.

앞에서 인용한 "불이여, 불이여, 기쁨이여, 기쁨이여, 기쁨의 눈물이여"라는 글을 썼던 파스칼도 "나는 글을 써서 세상이 그것을 알게 할 것이다"라고 말했다. 나도 내 목소리가 온 세상에 울려서 값싼 허구를 먹으며, 개종한 유명 인사들의 미소와 인사를 먹고 사는 가련한 교회에 들리게 할 수 있으면 좋겠다.

그들은 "나는 한때 담배를 폈으나 지금은 안 핍니다. 예전엔

맥주를 마셨으나 지금은 마시지 않습니다"라는 것과 같은 싸구려 노래를 부르기 위해 산다. 당신이 그렇지 않은 것을 하나님께 감사하라. 그것은 더 미련한 것이 아니라 더 건강한 것이다. 그러나 기독교에 대한 당신의 관념이 그러하다면, 당신은 지성소는 물론 아직 바깥쪽 방들의 문도 보지 못한 것이다.

안으로 밀고 들어가자. 주님이 죽으신 이유와 그분이 살아 계시는 이유를 세상에 전하자! 하나님을 예배하기 위해 만들어진 사람들이 하프를 잃어버리고 혀를 잃어버리고 예배에 대한 갈망까지 잃어버렸으나, 이제 그들이 붙잡혀서 다시 새롭게 되고 살아나서 다시 예배할 수 있게 되었다. 그 일이 정말 일어나고 있다. 정말 그렇게 되고 있다.

1935년에 제프리라는 사람이 인도차이나반도에서 보르네오라는 지역으로 이주했다. 거기서 그는 독이 든 화살을 쏘아서 사람을 죽이는 사냥꾼들을 발견했다. 그들은 또한 죽인 사람들의 머리를 모아서 매달아놓았다.

그는 그곳에 들어가 기도했으며, 어느 날 밤에는 거의 죽을 뻔하기도 했다. 그러나 기도를 계속하자 하나님이 일하기 시작하셨다. 인간 사냥꾼들이 회심하기 시작했고, 그 지역 전체에서 사람들이 회심하기 시작했다. 그들은 예배당을 지었고, 우상들을 버렸으며, 쪼그라든 머리들을 모아서 강물에 던져 바다로 흘려보냈다.

이제 그들은 그들의 언어로 '예수'에 대해, '하나님의 아들 예수 그리스도'에 대해 이야기한다. 그 일이 정말 일어나고 있다. 주님은 그들을 인간 사냥으로부터 구원하셨다. 그러나 주님은 그것으로부터 그들을 구원하셨을 뿐만 아니라, 대나무로 지은 소박한 성전에서 무릎 꿇고 전능하신 주 하나님, 하늘과 땅의 창조주, 그리고 하나님의 독생자 예수 그리스도를 예배하도록 그들을 구원하셨다. 바로 그것을 위해 그들을 구원하신 것이다! 그것이 가장 중요하다.

예수님은 살아 계시며 죄인들에게 그분의 마음속으로 돌아오라고 권고하신다. 그분은 당신의 하프 줄을 다시 달아주시고 당신의 오르간을 돌려주실 것이다. 그 오르간으로 찬송가를 연주하며 천군들과 함께 찬양할 수 있다.

"사랑하는 하나님. 교회가 얼마나 멀리 떠나 방황했고, 우리 모두가 마땅히 되어야 할 그리스도인의 모습에서 얼마나 멀어졌는지요. 이제 육적인 것들을 거두어가소서. 세상적인 것들을 거두어가소서. 타락한 아담의 자손들의 천박한 헛소리들을 거두어가소서."

당신의 눈을 하나님의 어린 양이신 예수께 돌리라. 당신의 마음과 생각이 정결해질 것이다. 성령께서 당신의 마음과 영을 다시금 예배로 충만케 해주셔서, 천사들과 모든 구속받은 자들과 함께, 즉 선지자들과 성자들과 순교자들과 함께 성부와 당신을

위해 피 흘리신 성자와 아버지와 아들의 영이신 성령을 찬송하게
해주실 것을 믿으라.

* "A Definition of Worship."
1957년 10월 20일, 시카고 사우스웨스트 얼라이언스 교회에서 한 설교.

CHAPTER 04

하나님의 임재로 인한 경외감

그때에 내가 말하되 화로다 나여 망하게 되었도다
나는 입술이 부정한 사람이요
나는 입술이 부정한 백성 중에 거주하면서
만군의 여호와이신 왕을 뵈었음이로다 하였더라 사 6:5

오랫동안 나는 많이 배우고 지적인 사람들이 "내가 어떻게 하나님을 발견했는지 말해주겠다"라고 말하는 것을 꽤 자주 들었다. 이 사람들이 거기서부터 겸손하게 하나님을 찬양하는 예배로 계속 나아갔는지는 알 수 없다. 그러나 하나님이 은혜롭게 사랑으로 그 자신을 우리에게 계시해주지 않으셨다면 우리 모두 큰 곤경에 처했을 것이고 여전히 하나님과 멀어져 있을 것임을 안다.

나는 자신의 지적 능력으로 하나님을 이해할 수 있고 하나님과 교감할 수 있을 거라는 희망을 계속 갖고 있는 사람들에게 약간 화가 나거나 슬퍼진다. 만일 그들이 지적 능력으로 하나님을 발견할 수 있다면 그들이 하나님과 동등해지는 것임을 언제 깨달을 것인가?

우리는 이사야 선지자가 묘사한 대로 하나님을 발견하는 쪽으로 기우는 것이 좋을 것이다.

"웃시야 왕이 죽던 해에 내가 본즉 주께서 높이 들린 보좌에 앉으셨는데 그의 옷자락은 성전에 가득하였고"(사 6:1).

이사야가 본 것은 그가 예전에 보았던 것과 완전히 다른 것이었다. 지금까지 그의 삶 속에서 이사야는 하나님이 창조하신 좋은 것들에 익숙해졌다. 그러나 창조되지 않은 존재에 대해선 들은 적이 없었다. 하나님과 하나님이 아닌 것 사이의 극명한 차이를 그의 언어로는 도저히 표현할 수가 없었다. 하나님은 매우 의미 있게 자신을 인간에게 계시하고 계셨다.

이사야는 자신의 지성으로 하나님께 도달하려고 오랫동안 애써 왔으나 성공하지 못했다. 온 세계에 축적된 모든 지적 능력으로도 하나님께 닿을 수 없었다. 그러나 하나님은 짧은 순간에 자신을 계시해주실 수 있다. 그때에야 이사야는, 혹은 다른 어떤 사람이라도 겸손하지만 확신을 가지고 "나는 그분을 안다"라고 말할 수 있다.

사람들과 달리, 하나님은 절대로 목적 없이 행동하지 않으신다. 여기서 하나님은 영원한 목적들을 위해 이사야에게 자신을 계시하셨다. 이사야는 우리에게 진실된 기록을 남겨주려 했으나, 하나님이 인간의 마음보다 더 크신 만큼 실제로 일어난 일은 이사야가 쓴 글보다 더 어마어마할 것이다. 이사야는 여호와께서 보좌에 앉아 계신 것을 이전에 본 적이 없었다고 고백한다. 이사야의 이 기록에 대해 현대의 비평가들은 신인동형론(神人同形論, anthropomorphism)의 위험을 경고한다. 이는 하나님께 인간의 어떤 속성들을 부여하려는 시도를 말한다.

거룩하다, 거룩하다, 거룩하다

나는 거창한 말들을 두려워해본 적이 없다. 사람들이 뭐라고 말하든지, 나는 여전히 하나님이 스스로 부여하신 통치권을 가지고 보좌에 앉아 계시다고 믿는다. 나는 또한 하나님이 보좌에 앉으셔서 창세전부터 그리스도 예수 안에서 의도하신 목적에 따라 모든 사건들을 심판하고 계신다고 믿는다.

지금 우리는 예배를 다루고 있으므로, 하나님의 보좌를 둘러싼 천상의 피조물들, 스랍들의 기쁨과 즐거움을 생각해보자. 다음은 이사야의 기록이다.

"스랍들이 모시고 섰는데 각기 여섯 날개가 있어 그 둘로는 자기의 얼굴을 가리었고 그 둘로는 자기의 발을 가리었고 그 둘로는 날며 서로 불러 이르되 거룩하다 거룩하다 거룩하다 만군의 여호와여 그의 영광이 온 땅에 충만하도다 하더라"(사 6:2,3).

우리는 이 피조물들에 대해 아는 바가 거의 없지만, 그들의 행복한 예배 자세가 인상적이라는 것은 알 수 있다. 그들은 보좌에 가까이 있고, 하나님에 대한 열광적인 사랑으로 불타고 있다. 그들은 찬양에 몰두해 있었다.

"거룩하다, 거룩하다, 거룩하다!"

나는 그 옛날의 랍비들과 성인들과 찬송가 작가들이 왜 "거룩하다, 거룩하다, 거룩하다"라는 스랍들의 찬송을 듣고 삼위일체에 대한 지식에 이르지 못했는지가 궁금했다. 나는 삼위일체설을 믿는다. 즉 하늘과 땅의 창조자, 전능하신 성부 하나님을 믿는다. 만세 전에 잉태되신 하나님의 아들, 주 예수 그리스도를 믿는다. 성부, 성자와 함께 예배를 받으시고 영광을 받으시는 생명의 주, 생명을 주시는 성령을 믿는다.

스랍들이 하나님께 예배드리는 이 모습은 매우 감동적인 장면이다. 나는 성경을 읽을수록 더욱더 삼위일체 하나님을 믿게 된다. 이사야의 환상 속에서 스랍들은 삼위일체의 제2위이신 영원한 아들이 우리 가운데 거하기 위해 세상에 오시기 전, 마리아가 기쁨의 눈물을 흘리고 그녀의 아기가 베들레헴의 말구유 안에서 울음을 터뜨리기 800년 전에 삼위일체 하나님을 찬양하고 있었다. 그때의 핵심 단어였던 "거룩하다, 거룩하다, 거룩하다!"

라는 찬양은 우리 예배의 기조가 되어야 한다.

나는 많은 그리스도인들이 실제로 하나님의 거룩한 속성들을 불편해하는 것을 발견한다. 그럴 때 나는 그들이 하나님께 드리려고 애쓰는 예배의 질에 대해 의문을 가질 수밖에 없다.

'거룩한'(holy)이라는 단어는 하나님이 '거룩하신 하나님'이라고 말할 때 쓰이는 형용사 이상의 의미가 있다. 즉 그것은 삼위일체 하나님을 향한 열광적인 영광의 찬송이다. 나는 우리가 정말로 그 단어의 의미를 알고 있는지 확신이 없지만, 그에 대한 정의를 내리려는 시도를 해야 한다고 생각한다.

완전한 도덕적 순결은 오직 하나님만 묘사하실 수 있다. 인간 사이에서 선해 보이는 모든 것들은 무시해야 한다. 우리는 인간이기 때문이다. 우리 중 누구도 도덕적으로 순결하지 않다. 아브라함, 다윗, 엘리야, 모세, 베드로, 바울, 모두 선한 사람들이었다. 그들은 하나님의 사람들에 포함되었다. 그러나 아담의 종족으로서 각자 인간적인 흠과 약점들을 갖고 있었다. 각자 겸손한 회개의 장소를 찾아야만 했다. 하나님은 우리의 마음과 의도를 아시기 때문에 믿음 안에 있는 진실한 자녀들을 회복시켜 주실 수 있다.

거룩하신 하나님과 교제하는 데 있어 우리의 주된 문제는 많은 그리스도인들이 자신의 모습보다 자신이 한 일에 대해서만 회개한다는 것이다. 이사야의 반응이 거룩하신 분의 도덕적 순결함 앞에서 절대적인 불경함을 느낀 것이었다고 간주할 때 우리 예배의 질에 대해 관심을 갖는 것이 우리에게 도움이 되어야 한다. 이사야가 칭찬받을 만한 청년, 즉 교양 있고 종교심이 깊으며 왕의 친척이었다는 것을 고려하라. 그는 어느 교회에서든 좋은 집사가 되었을 것이다. 지금 같으면 우리 선교위원회에서 봉사하라는 요청을 받았을 것이다.

그러나 여기서 이사야는 깜짝 놀랐다. 그는 경외심에 사로잡혔고, 방대하고 영원한 빛 가운데서 그의 온 세계는 갑자기 사라지고 있었다. 그는 그 밝은 빛으로 밀어 붙여졌다. 붉은색과 검은 색, 죄의 색채들이었다. 무슨 일이 일어난 것일까? 인간에 불과한 이사야가 완전함을 나타내는 성품과 본성을 가지신 분을 잠깐 뵌 것이다. 그는 간신히 "왕을 뵈었음이로다"(사 6:5)라고 증거할 수 있었다.

하나님의 신비를 인정하라

'거룩하다, 거룩하다, 거룩하다'는 말을 정의할 때는 분명 '신비'의 여지를 남겨두어야 한다. 우리가 예배를 드리려 할 때 하나님에 대한 실질적인 인식을 가져야 한다면 말이다. 다양한 기독교 단체들 안에는 하나님의 일들에 대해 너무 많이 알고 있어서 모든 질문에 대답해주려는 리더들이 있다. 우리도 그들이 도움이 되는 답을 해주길 바랄 수 있다. 그러나 하나님의 나라 전체에 퍼져 있는 거룩한 신비의 느낌이 있다. 그것은 과학자들이 발견하는 자연세계 전체에 퍼져 있는 신비를 훨씬 넘어서는 것이다.

하나님에 대해 모두 알고 있는 척하는 사람들이 있다. 그들은 하나님에 대해, 하나님의 창조에 대해, 하나님의 생각과 심판에 대해 모든 것을 설명할 수 있는 것처럼 행동한다. 그들은 복음주의 합리주의자들의 대열에 합류했다. 그러나 그들은 삶에서 신비를 제거하고, 예배에서 신비를 제거하고 있다. 그 일은 또한 하나님을 배제한 것이다.

오늘날 일부 교사들 안에서 보이는, 하나님에 대해 다 아는 척하는 태도는 그들을 매우 곤란한 상황에 빠뜨린다. 그들은 자신들과 조금이라도 다른 입장을 내세우는 사람은 강력하게 비판하고 정죄하려 한다. 우리의 영리함과 그럴듯한 입담과 유창함은 오히려 우리의 영에 거룩한 경외심이 결여되어 있음을 나타낼 것이다. 그 경외심은 "오, 주 하나님, 주께서 아십니다"라고 조용히 속삭인다.

이사야서 6장에서 우리는 그 임재의 신비 안에서 한 사람에게 일어나는 일의 분명한 묘사를 본다. 자신의 존재 안에서 압도당한 이사야는 오직 "나는 입술이 부정한 사람이요"라고 겸손하게 고백할 수 있을 뿐이었다. 나는 이사야가 '생소함'을 인식했다는 걸 말해두려 한다. 그것은 하나님의 인격의 신비 같은 것이었다. 그 앞에서 이사야는 농담을 하거나 냉소적인 말을 하거나 인간적인 친숙함을 느낄 수가 없었다. 그는 하나님 안에서 생소함을 발견했다. 즉 죄악되고 세상적이며 자만하는 인간에게는 알려지지 않은 존재였다. 이사야가 느낀 것을 느낀 사람은 '위에 계신 이' 또는 '저 위에서 나를 좋아하시는 이'에 관한 농담을 할 수 없을 것이다.

그리스도께 회심한 뒤에도 여전히 나이트클럽을 돌아다니던 한 여배우는 누군가에게 이렇게 말했다고 한다.

"당신은 하나님을 알아야 합니다. 알다시피, 하나님은 그저 살아 있는 인형일 뿐이에요!"

나는 또 다른 사람이 "하나님은 좋은 친구입니다"라고 말하는 것을 보았다. 이런 말들을 듣거나 읽을 때면 솔직히 마음이 너무 아프다. 우리 하나님께는 우리와 다른 것, 우리를 넘어서는 것, 우리 위에 있는 것, 즉 초월적인 무언가가 있다. 그러므로 우리는 겸손하게 마음을 열고 "하나님, 저의 지성에 주의 빛을 비추어주옵소서. 그렇지 않으면 저는 주님을 발견할 수 없습니다"라고 탄원해야 한다.

하나님 안에는 신비로움과 생소함이 있다. 우리 주님은 우리가 그리스도인이 될 때 좀비처럼 행동하길 기대하지 않으신다. 그러나 신비로운 존재이신 하나님을 우리 영혼에 받아들이길 기대하신다. 나는 '진정한 그리스도인은 걸어 다니는 신비여야 한다'라고 말하는 것이 합당하다고 생각한다. 그분은 분명 걸어

다니는 기적이시기 때문이다. 성령의 인도와 능력을 통해 그리스도인은 설명할 수 없는 일상생활과 습관에 연루된다. 그리스도인은 심리학을 초월하는 요소, 즉 모든 자연 법칙을 넘어서 영적인 법칙으로 들어가는 요소를 지니고 있어야 한다.

불속에서 나타나는 사람들

하나님은 소멸하는 불이시다. 우리는 살아 계신 하나님의 손 안에 들어가는 것이 두려운 일이라고 듣는다. 에스겔서 첫 장을 기억하는가? 낙담한 선지자는 하늘이 열리는 것을 보았다. 그는 하나님의 환상을 보았다. 그리고 불속에서 네 얼굴을 가진 생물들이 나타나는 것을 보았다.

우리의 증거와 사역에 있어서, 그리스도인들은 불속에서 나타나는 사람들이 되어야 한다고 생각한다. 하나님은 거룩하시므로 죄를 적극적으로 반대하신다. 하나님은 영원히 죄에 반대하며 타오르실 수밖에 없다. 또 다른 구절에서 이사야는 물었다.

"우리 중에 누가 삼키는 불과 함께 거하겠으며 우리 중에 누가 영영히 타는 것과 함께 거하리요"(사 33:14).

이사야는 하나님으로부터 분리되려는 사람들에 대해 생각하지 않았다. 그는 하나님을 위해 살고 하나님과 함께 거하려 하는 사람들을 생각하고 있었다.

그는 자신의 질문에 이렇게 답한다.

"오직 공의롭게 행하는 자, 정직히 말하는 자, 토색한 재물을 가증히 여기는 자, 손을 흔들어 뇌물을 받지 아니하는 자, 귀를 막아 피 흘리려는 꾀를 듣지 아니하는 자, 눈을 감아 악을 보지 아니하는 자, 그는 높은 곳에 거하리니"(사 33:15,16).

구세군은 항상 '피와 불'을 슬로건으로 내세웠다. 나는 하나님의 일들에 있어 그것을 지지한다. 우리는 그리스도의 피로 정결케 된다는 것을 안다. 하나님의 일들에 대해 말하는 것은 종종 거룩한 불과 관련이 있다. 세례 요한은 그리스도가 오시는 것을 가리키며 이렇게 말했다.

"나는 너희로 회개하게 하기 위하여 물로 세례를 베풀거니와 … 그는 성령과 불로 너희에게 세례를 베푸실 것이요"(마 3:11).

이사야가 "망하게 되었도다!"라고 외쳤을 때 그것은 고통의 외침이었다. 그것은 부정함을 깨달은 자의 부르짖음이었다. 이사야는 창조주의 거룩함에 대항하는 피조물의 운명을 경험하고 있었다.

진정한 회심 속에선 어떤 일이 일어나야 하는가? 새롭게 거듭나는 과정에서 우리는 무엇을 느껴야 하는가? 진정한 고통의 부르짖음이 있어야 한다. 이는 사람들에게 카드에 서명함으로써 하나님과의 교제를 시작하라고 초청하는 복음 전도 방식을 내가 좋아하지 않는 이유이기도 하다.

회심에는 위로부터 오는 내면의 거듭남이 있어야 한다. 거룩하고, 거룩하고, 거룩하신 하나님과 너무나 대조되는 자신을 바라볼 때 두려움이 있어야 한다. 우리가 이런 확신과 고통의 자리에 이르지 않는다면, 우리의 회개가 얼마나 깊고 진실한 것일지 나는 확신할 수 없다.

이사야의 인식이 필요하다

문제는 우리가 이사야의 정결함을 가졌느냐가 아니라, 이사야의 인식을 갖고 있느냐 하는 것이다. 그는 부정했으나 감사하게도 그것을 인식하게 되었다. 그러나 오늘날 세상은 부정하면서도 그것을 거의 인식하지 못하고 있는 것 같다. 부정한 데다 그것을 인식하지도 못한다면 끔찍한 결과들이 따를 것이다. 그것이 그리스도의 교회와 개신교의 문제다. 우리의 문제는 공정한 사람들의 집단에서, 성도라 불리는 이들 사이에서, 위대한 영혼을 표방하는 사람들 가운데서 여전히 발견되는 부패함이다.

우리는 이사야의 비전과 깨달음을 좋아한다. 하지만 불씨가 살아 있는 숯이 선지자의 입술에 닿아 피와 불로 정결케 되는 것에 대해선 생각하기 싫어한다. 이사야의 모든 본성을 상징하는 그의 입술이 불로 정결케 되었다. 하나님은 그때 그에게 "네 악이 제하여졌다"(사 6:7)라고 말씀하실 수 있었다. 그렇게 해서 깜짝 놀라고 고통스러워하던 이사야는 진정으로 회복된 도덕적 결백을 느낄 수 있게 되었다. 그는 즉시 자기가 예배드릴 준비가 되었고, 하나님의 뜻대로 섬길 준비가 되었으며, 그러기를 갈망한다는 걸 알게 되었다.

우리 각 사람도 죄 사함과 회복된 도덕적 결백에 대해 확신을 가지려면 하나님의 은혜의 불이 우리에게 닿아야 한다. 오직 하나님의 용서하는 사랑의 깊이를 통해서만 사람들이 그렇게 회복되어 하나님을 섬길 준비를 갖출 수 있다.

같은 맥락에서, 하나님의 피조물인 우리가 그분을 예배할 준비를 갖출 수 있는 다른 방법이 있겠는가? 나는 사람들이 하나님을 자신들의 크기로 축소시키려고 안간힘을 쓰는 이 무서운 시대에 우리의 크나큰 필요들을 당신에게 상기시켜줄 수 있을 뿐이다.

많은 사람들은 통치자 하나님을 제어할 수 있다고 믿으며, 하나님을 자신들이 원하는 대로 이용할 수 있다고 생각한다. 그리스도인들의 그룹 내에서도 그리스도가 우리에게 맡기신 일을 행할 때 기교와 방법에 의존하기 쉽다. 그러나 성령께 전적으로 의존하지 않는다면 우리는 실패할 수밖에 없다. 만일 우리가 스스로 그리스도의 일을 할 수 있다는 착각에 빠져 있다면, 결코 그렇게 되지 못할 것이다. 하나님이 사용하실 사람은 완전히 실패해야 한다. 그는 아름다우신 왕을 본 사람이어야만 한다. 그러므로 우리 자신에 대해서는 어떤 것도 당연시하지 말자.

누가 나를 가장 힘들게 하는지 아는가? 내가 목회를 하면서 누구를 위해 가장 많이 기도하는지 아는가? 바로 나 자신이다. 겸손해 보이기 위해 이렇게 말하는 것이 아니다. 나는 평생 동안 나보다 더 나은 사람들에게 설교를 해왔기 때문이다.

다시 말하지만, 하나님이 우리를 구원하신 것은 우리를 예배자로 삼으시기 위함이다. 하나님이 우리 자신에 대한 환상을 보여주신다면, 우리가 보는 스스로의 가치는 완전히 바닥으로 떨어질 것이다. 바로 거기에서부터 하나님은 우리를 일으키셔서 그분을 예배하고 찬양하며 증인이 되게 하실 수 있다.

∗ *Whatever Happened to Worship: A Call to True Worship*. Christian Publications, 1985; WingSpread, 2012 재출간.

CHAPTER 05

참된 예배는
새로운 탄생을
요구한다

긍휼이 풍성하신 하나님이
우리를 사랑하신 그 큰 사랑을 인하여
허물로 죽은 우리를 그리스도와 함께 살리셨고
(너희는 은혜로 구원을 받은 것이라) 엡 2:4,5

우리 시대에는 하나님에 관한 기이한 사상들이 많이 있으며, 따라서 참된 예배를 대체하는 것들도 정말 많다. 나는 그리스도의 교회 안에서 안타깝게도 이렇게 고백하는 말을 종종 듣는다.

"저는 사실 하나님에 대해 그렇게 많이 알지 못하는 것 같습니다."

이것이 진실한 고백이라면 그 사람은 또한 그와 유사한 고백을 할 수 있어야 할 것이다. 바로 "저는 사실 예배에 대해 많이 알지 못하는 것 같습니다"라고 말이다. 사람과 하나님의 본성에 대한 근본적인 신념들이 많이 바뀌어버려서, 지금 우리 가운데는 예배의 참된 의미를 알고자 하는 생각이나 갈망 없이 자기가 하나님으로부터 받는 혜택들을 자랑하는 것을 쉽게 생각하는 사람들이 있다.

나는 거룩하신 통치자 하나님의 참된 본성에 대한 그런 극단적인 오해에 즉각 반응한다. 그에 대한 나의 첫 번째 대답은 천박하고 세상적인 그리스도인들이 하나님을 자랑하는 것은 결코 하나님이 원하시는 것이 아니라고 믿는다는 것이다. 두 번째는 하나님의 가장 높은 갈망은 그분을 믿는 모든 자녀들이 그분을 너무도 사랑하고 사모하여 계속해서 하나님의 임재 안에, 영과 진리 안에 거하는 것임을 잘 알지 못하는 것 같다는 사실이다.

예수 그리스도가 그분께 합당한 자리로 초대를 받으실 때 인간의 영혼 안에선 놀랍고 기적 같은, 삶을 변화시키는 일이 일어난다. 그것이 참으로 예배하는 것이다. 그것이 바로 하나님께서 구원 계획을 실행하실 때 기대하신 것이다.

하나님은 반역자들을 예배자들로 만들려 하셨다. 우리의 첫 조상들이 창조되었을 때 알았던 예배의 장소로 우리를 되돌리려 하셨다. 그 결과가 우리 자신의 삶과 경험 속에서 나타나는 복된 사실임을 안다면, 우리는 단지 교회에 가서 예배드리기 위해 주일이 오기를 기다리고만 있지 않을 것이다.

하나님을 향한 참된 예배는 신자의 내면에서 일어나는 지속적이고 일관된 태도, 혹은 마음의 상태여야 한다. 그것은 언제나 한결같고 복된 사랑의 감사와 경배, 이생에서 온전함과 강렬함에 이르는 것이 될 것이다.

무엇이 참된 예배인가

이제 예배에 대한 일반적인 접근법의 부정적인 면을 언급해야겠다. 지금 교회 안에서 말하고 행해지는 많은 것들과 달리, 하나님에 대한 참된 예배는 우리가 종교적으로 보이길 바라며 행하는 것이 아니다! 그저 종교에 민감한 사람들 안에 드는 것이 가장 간절한 바람인 많은 사람들이 매주 '예배'에 성실하게 참석할 것을 강조한다고 말하기는 어렵다.

하나님과 그분의 구속받은 자녀들 간의 교제의 실체를 고려할 때, 기독교의 성경은 이 시점에서 우리에게 무슨 말을 해주어야 하는가? 우리가 배우는 것은 매우 명백하고 고무적이다. 하나님의 형상으로 지음 받은 우리는 내면에 하나님을 알 수 있는 능력과 하나님을 예배해야 하는 본능을 가지고 있다. 하나님의 성령이 우리를 살리셔서 그분의 생명으로 거듭나게 하실 때 우리의 온 존재는 하나님과 연대감을 느끼며 기쁨의 깨달음으로 높이 뛰어오른다!

우리 존재 안에서의 반응, 용서와 사면과 거듭남에 대한 반응은 하늘나라에서의 탄생의 기적을 나타낸다. 즉 그것이 없으면 우리는 하나님의 나라를 볼 수 없다. 하나님은 우리의 생각과 의지와 감정을 통해 우리와 소통하기를 갈망하시며 그것을 기뻐하신다. 하나님과 구속받은 사람의 영혼 간에 이루어지는 지속적이고 방해받지 않는 사랑과 생각의 교류는 신약 신앙의 고동치는 심장이다.

실제로, 성령의 주된 사역이 중생의 씻음을 통해 잃어버린 영혼을 하나님과의 친밀한 교제로 회복시키는 것임을 고백하지 않고 이 새로운 관계를 생각하는 것은 불가능하다. 이것을 이루기 위해, 성령은 먼저 참회하는 마음에 그리스도를 계시해주신다.

"그러므로 내가 너희에게 알리노니 하나님의 영으로 말하는 자는 누구든지 예수를 저주할 자라 하지 아니하고 또 성령으로 아니하고는 누구든지 예수를 주시라 할 수 없느니라"(고전 12:3).

그 다음, 거듭난 영혼을 비추시는 그리스도께서 자신에게서 나오는 더 밝은 빛에 관하여 제자들에게 직접 하신 말씀을 생각해보라.

"보혜사 곧 아버지께서 내 이름으로 보내실 성령 그가 너희에게 모든 것을 가르치고 내가 너희에게 말한 모든 것을 생각나게 하리라"(요 14:26).

오직 성령이 우리에게 능력을 주실 때 우리가 그리스도를 알 수 있다는 것을 기억하라. 하나님께서 모든 자원하는 마음을 신령한 지식과 교감의 깊은 곳과 높은 곳으로 인도하기 원하신다는 사실을 발견한 우리는 얼마나 감사해야겠는가. 하나님이 아들의 영을 우리의 마음속에 보내시자마자 우리는 "아바"라고 말한다. 우리는 예배를 드리지만, 신약성경이 말하는 온전한 의미의 예배는 아닐 것이다.

하나님은 우리를 그분 자신 속으로 더 깊이 데려가기 원하신다. 우리는 성령의 학교에서 배울 것이 많다. 성령은 우리를 먼저 사랑하신 주님을 우리가 사랑하도록 이끌기 원하신다. 우리 안에서 주께 합당한 경배와 찬양을 일으키기 원하신다. 참된 예배 안에서 '영적 심취'라는 복된 요소를 우리 각 사람에게 보여주기 원하신다. 우리의 예배 안에서 하나님을 알아가는 기쁨에 도취되어 도덕적 흥분으로 가득하게 되는 기적을 우리에게 가르쳐주기 원하신다. 상상할 수도 없는 전능하신 하나님의 높이와 크기와 광채에 우리가 깜짝 놀라기를 원하신다!

인간에게는 이런 예배와 우리의 창조주이자 구속주이자 주님이신 하나님에 대한 성령으로부터 오는 이런 반응을 대신할 수 있는 것이 없다. 그러나 이런 예배를 대체하려는 것들이 우리 주변에 많다. 나는 기독교 신자들이 깨어 있는 모든 시간 동안 종교적인 활동 속에서 끊임없이 싸워야 하는 강한 유혹에 대해 말하는 것이다. 우리는 그것이 분명히 교회가 가진 예배의 개념이라는 걸 부인할 수 없다. 우리의 많은 설교와 현대적인 기독교의 많은 가르침들은 우리를 위한 하나님의 계획이 바쁘게, 바쁘게, 바쁘게 지내는 것이라는 사상으로 기울어 있다. 그것이 우리가 얽혀 있는 세상에서 가장 정당한 명분이기 때문이다.

그러나 우리 안에 정직함이 남아 있다면, 실망스럽게도 자칭 그리스도인들 사이에서 참된 영적 예배가 침체되어 있다는 것을 깨닫게 된다.

어떻게 이런 상태에 이르게 되었는지 감히 묻고 싶은가? 당신이 그렇게 묻는다면 나는 대답해줄 의향이 있다. 사실상 나는 다른 명백한 질문을 던짐으로써 그에 대답하겠다. 강단과 신도석에서 우리를 이끄는 많은 사람들이 하나님과의 교제가 말할 수 없이 기쁜 일임을 거의 보여주지 않는 이때에 예배에 대한 우리의 접근법이 어떻게 이보다 더 중요할 수 있겠는가?

사랑 안에서 누리는 교제

잠시 신약성경의 지식으로 돌아가 생각해보면, 예수께서 당시의 참된 예배에 대해 엄격하고 독선적인 바리새인들에게 말씀하셨던 것이 정확히 이것이라는 사실에 동의하게 될 것이다.

그들은 일상생활에서 종교적인 사람들이었다. 겉으로 보기엔 경건하고 예배 형식에 정통했다. 그러나 예수님이 그들을 '회칠한 무덤'이라고 묘사하실 만큼 잘못된 태도와 위선이 그들 안에 있었다. 그들이 알고 이해한 '의'는 오직 꽤 높은 수준의 외적 도덕성을 유지하는 것에 근거한 그들 자신의 외적 형식에 불과했다. 그들은 하나님을 그들 자신처럼 엄격하고 근엄하며 관대하지 않은 존재로 여겼기 때문에 그들의 예배 개념은 필연적으로 저급하고 적절치 않았다.

바리새인에게 있어서 하나님을 예배하는 것이란, 사랑하지는 않지만 감당할 수 없을 만큼 큰 손실을 입지 않으려면 피할 수 없는 속박이었다. 바리새인이 보는 하나님은 함께 살기에 편한 하나님이 아니었다. 그래서 그들의 일상 신앙은 매우 엄숙하고 딱딱해졌고, 그 안에서 참된 사랑의 흔적은 찾아볼 수 없었다.

우리는 인간으로서의 자신에 대해 하나님을 닮기 위해 노력한다고 말할 수 있다. 만약 하나님을 엄격하고 까다롭고 냉혹한 분으로 생각한다면 우리도 그렇게 될 것이다! 우리의 마음을 끄는 복된 진리는 하나님이 모든 존재 가운데 가장 매력적인 분이시며, 우리가 그분을 예배할 때 말로 표현할 수 없는 기쁨을 발견해야 한다는 것이다.

살아 계신 하나님은 그분을 찾는 우리의 마음에 기꺼이 자신을 계시해주셨다. 그분은 모든 사랑이시며, 그분을 믿는 자들은 그 사랑 외에는 아무것도 알 필요가 없다는 것을 우리가 알고 이해하게 해주셨다.

하나님은 그분이 공정하시다는 것을 우리로 알게 하셨다. 또한 그분은 죄를 용납하지 않으실 것이다. 하나님은 영원한 언약의 피를 통해, 마치 우리가 전혀 죄를 범하지 않은 것처럼 우리를 대하실 수 있게 되었다는 것을 너무나도 명백히 보여주려 하셨다. 바리새인들의 지식으로는 알 수 없으나, 하나님은 영혼에 평안과 치유를 가져다주는 편안하고 거리낌 없는 교제 속에서 그분의 구속받은 자녀들과 교감을 나누신다.

사랑 안에서, 영원하신 아들의 공로를 통해 우리를 구속하신 하나님은 불합리한 분이 아니시다. 그분은 이기적이지 않으시다. 변덕스럽지도 않으시다. 오늘과 같은 하나님을 우리는 내일도, 그 다음날도, 다음 해에도 발견하게 될 것이다.

있는 그대로 사랑하시는 하나님

우리와 교제하고 교감하기를 갈망하시는 하나님을 기쁘게 해드리는 것은 어렵지 않다. 물론 만족시켜 드리기는 어렵겠지만 말이다. 그분은 자신이 직접 공급해주신 것만 우리에게서 기대하신다. 하나님을 기쁘게 해드리려는 모든 단순한 노력을 재빨리 알아보시고, 또 우리가 그분의 뜻을 행하려 했다는 걸 아실 때는 우리의 불완전함을 재빨리 묵과해주신다.

좋은 소식 중 가장 좋은 소식은 이것이다. 곧 하나님은 우리를 있는 그대로 사랑해주신다는 것이다. 그분은 새로운 피조 세계의 은하계보다 우리의 사랑을 더 귀하게 여기신다. 우리의 체

질을 기억하시고, 우리가 흙이라는 걸 아신다. 우리가 사랑하는 하나님은 때때로 우리를 훈계하실 것이다. 그것은 사실이다. 그러나 이것도 미소를 지으며 행하신다. 그것은 불완전하지만 날마다 아버지를 점점 더 닮아가는 유망한 아들을 바라보며 기쁨에 겨워하시는 아버지의 자랑스럽고 부드러운 미소이다.

우리는 하나님이 모든 인내의 총합이시며 다정한 호의의 참된 본질이심을 믿으며 한껏 기뻐해야 한다. 우리가 하나님을 가장 기쁘게 해드리는 방법은 스스로 선해지려고 미친 듯이 노력하는 것이 아니라, 불완전한 우리 자신의 모습을 그대로 하나님께 맡기고 하나님이 모든 것을 이해하시며 여전히 우리를 사랑하신다고 믿는 것이다.

이 모든 것의 가장 만족스러운 부분은 하나님과 구속받은 영혼의 교제가 의식적이고 개인적인 지각으로 우리에게 알려진다는 점이다. 그것은 참으로 개인적인 지각이다. 그 지각은 신자들의 몸을 통해 오는 것이 아니라, 개인에게 알려지고 공동체를 구성하는 개인들을 통해 그 몸에 알려지는 것이다. 그렇다. 그것은 의식적인 것이다. 의식의 문턱 아래 머물며 거기서 영혼이 모르게 활동하는 것이 아니다.

이 소통, 이 의식은 끝이 아니라 시작이다. 우리가 하나님과의 교제와 우정과 교감을 나누기 시작하는 현실의 시점이 있다. 그러나 우리가 멈추는 지점은 아직 아무도 발견하지 못했다. 신비로움의 깊이에 있어 삼위일체 하나님께는 한계도 끝도 없기 때문이다.

우리가 이 감미로운 교제 안으로 들어갈 때 하나님의 속성들에 대해 깜짝 놀라는 경외심, 숨 가쁜 흠모, 놀라운 매료, 고귀한 찬양, 그리고 하나님이 가까이 계실 때 알게 되는 숨 막힐 듯한 침묵에 대해 배우기 시작한다.

경건한 두려움을 잃어버린 교회

전에는 인식하지 못했을지라도 하나님의 임재에 대한 우리의 지각과 의식 속에서 그 모든 요소들은 결국 성경이 말하는 '하나님에 대한 두려움'이 된다. 우리는 고통의 순간이나 위험이 닥칠 때, 또는 처벌이나 죽음을 앞두고 있을 때 수많은 두려움을 알 수 있다. 우리가 분명히 인정해야 할 것은 성경에서 권하는 하나님에 대한 두려움이 결코 어떤 위협이나 처벌에 의해 유발될 수 없다는 것이다.

하나님에 대한 두려움은 위대한 파버(Faber)가 기록한 대로 '깜짝 놀라는 경외심'이다. 나는 그것이 기본 요소, 즉 거룩하신 하나님 앞에서 가책을 느끼는 영혼의 두려움에서부터 예배하는 성도가 매료되는 황홀감 사이의 어딘가에 위치할 거라고 말하겠다. 우리의 삶 속에 완전무결한 것은 거의 없으나, 사랑과 매혹과 놀라움과 감탄과 헌신과 결합된 하나님에 대한 경외심이 인간의 영혼이 알 수 있는 가장 즐거운 상태이며 가장 정결케 하는 감정이라고 믿는다.

나 자신의 존재에 있어, 내가 하나님의 임재와 가까이 계심에 대한 내적인 의식이 없었다면 그리스도인으로 오래 존재하지 못했을 것이다. 자기 자신이 어떤 친밀한 영적 경험 없이도 윤리학에 근거해서 살 수 있을 만큼 강하다고 생각하는 사람들도 있을 줄 안다. 그들은 벤자민 프랭클린(Benjamin Franklin)이 그런 사람이었다고 말한다. 하지만 그는 이신론자였으며 그리스도인이 아니었다. 횟필드(Whitefield)는 그를 위해 기도했고, 그에게 그를 위해 기도하고 있다고 말해주었으나 프랭클린은 이렇게 말했다.

"저는 아직 구원을 받지 못했으니, 그 기도가 아무 소용이 없는 것 같네요."

이것이 프랭클린이 한 일이다. 그는 일일그래프를 기록했는데 그것은 정직, 성실함, 자선, 그 밖의 여러 미덕들을 나타내는 것이었다. 그는 일종의 캘린더에 이런 것들을 포함시켰고, 그 미덕들 중 한 가지를 어겼을 땐 그것을 기록해두었다. 하루, 또는 한 달 동안 스스로 부과한 계명들을 하나도 어기지 않았을 땐 자신이 인간으로서 꽤 잘하고 있다고 여겼다.

이것은 윤리 의식이며, 신성한 존재에 대한 의식이 아니다. 여기에 신비로운 의미는 전혀 담겨 있지 않았다. 예배도 없었다.

경외심도 없었다. 그의 목전에는 하나님에 대한 두려움이 없었다. 이 모든 것은 그 자신의 증언에 따른 것이다.

나는 이런 사람의 유형에 속하지 않는다. 그저 내 영혼에 하나님에 대한 두려움을 계속 간직하고 예배의 황홀감에 빠져 기뻐함으로써 옳은 길로 가고자 한다. 그것을 제외하고는 어떤 규칙도 알지 못한다.

오늘날 교회에 이 경건한 두려움의 강력한 느낌이 없어지고 있다는 것이 안타깝다. 그것의 부재는 전조이자 징후이다. 그것은 이스라엘 백성 위에 머물렀던 구름처럼 우리 위에 머물러 있어야 한다. 부드럽고 보이지 않는 덮개처럼 우리를 덮고 있어야 한다. 그것은 우리의 내적인 삶을 길들이는 강력한 힘이어야 한다. 모든 성경 본문에 추가적인 의미를 부여하는 것이어야 한다. 한 주간의 모든 날을 거룩한 날로 만들고, 우리가 밟는 모든 곳을 거룩한 땅으로 만들어야 한다.

우리는 우리 자신의 두려움 때문에 계속 떨고 있다. 즉 공산주의에 대한 두려움, 문명의 붕괴에 대한 두려움, 다른 행성의 침략에 대한 두려움 등이다. 사람들은 두려움이 무엇을 의미하는지 안다고 생각한다. 그러나 우리는 사랑이시며 거룩하신 하나님에 대한 경외심과 두려움에 대해 말하고 있다. 그러한 하나님에 대한 두려움은 영적인 것이며, 오직 하나님의 임재에 의해서만 생길 수 있다.

경건한 두려움은 아름답다

오순절날 성령이 오셨을 때 모든 사람에게 큰 두려움이 임했으나 그들은 아무것도 두려워하지 않았다! 사랑 안에서 온전케 된 하나님의 자녀에게는 두려움이 없다. 온전한 사랑은 두려움을 내쫓기 때문이다. 그는 모든 사람들 중에 하나님을 가장 두려워하는 사람이다.

사도 요한을 예로 들어보자. 예수님이 동산에서 체포되셨을 때 요한은 도망친 사람들 중 하나였다. 아마도 그는 체포되어 감옥에 가는 것이 두려웠을 것이다. 그것은 위험에 대한 두려움, 처벌에 대한 두려움, 굴욕에 대한 두려움이었다. 그러나 나중에 그 요한은 예수 그리스도를 증거한다는 이유로 밧모섬에 유배되었고, 금 촛대 가운데 서 있는 놀라운 한 사람을 보았다. 그는 흰 옷을 입고 금띠를 두르고 있었다. 그의 발은 광낸 구리 같았고, 그의 입에선 검이 나왔다. 그의 머리카락은 눈처럼 희었고, 그의 얼굴은 해처럼 빛났다.

경외심과 매혹과 두려움이 갑자기 요한의 존재 안에 완전히 집중되어 그는 무의식적으로 땅에 엎드릴 수밖에 없었다. 거룩한 제사장이 다가와 요한을 일으켜주었으며 그에게 다시 생명을 불어넣어주셨다. 그분은 사망과 지옥의 열쇠를 갖고 계신 예수 그리스도였다.

이제 요한은 두려워하지 않았고, 위협감을 느끼지 않게 되었다. 그는 다른 종류의 두려움을 경험하고 있었는데, 곧 경건한 두려움이었다. 그것은 거룩한 것이었고, 요한은 그것을 느꼈다.

우리 가운데 계신 하나님의 존재는 경건한 두려움과 경외심을 일으키는데, 오늘날에는 이것을 찾아보기가 어렵다. 부드러운 오르간 음악과 아름답게 디자인된 창문을 통해 흘러들어오는 빛으로는 그것을 일으킬 수 없다. 떡을 집어 들고 그것이 하나님이라고 주장함으로써 그 경외심을 일으킬 수 없다. 어떤 주술로도 그것을 일으킬 수 없다. 그런 이교도 의식 속에서 사람들이 느끼는 것은 하나님에 대한 진정한 두려움이 아니다. 그것은 단지 미신적인 두려움의 유인책에 불과하다.

진짜 하나님에 대한 두려움은 아름다운 것이다. 그것은 예배이고, 사랑이며, 숭배이기 때문이다. 하나님이 계시기 때문에 그것은 고귀한 도덕적 행복이다. 그 기쁨이 너무나도 크기에, 만약 하나님이 안 계시다면 예배자 또한 살고 싶지 않을 것이다. 그는 이렇게 기도할 것이다.

"하나님, 지금처럼 계속 계셔주옵소서. 그렇지 않으면 저를 죽여주옵소서! 하나님 아닌 다른 신은 생각할 수도 없습니다!"

참된 예배는 개인적으로 하나님과 사랑에 빠져 어찌할 바를 모르는 것이다. 그래서 애정이 옮겨간다는 개념은 조금도 존재하지 않는다. 그것이 하나님에 대한 두려움의 의미이다.

예배가 사라져가는 이 시대에 우리는 무얼 하고 있는가? 우리는 성전에서 찢어진 장막을 꿰매어 붙이려고 최선을 다하고 있다. 어떤 종류의 예배를 유도하기 위해 인공적인 수단을 사용하고 있다. 나는 틀림없이 지옥에서 마귀가 웃고 있고, 하나님이 슬퍼하고 계실 거라 생각한다. 바로 우리의 눈앞에 하나님에 대한 두려움이 없기 때문이다.

* *Whatever Happened to Worship: A Call to True Worship*, Christian Publications, 1985; WingSpread, 2012 재출간.

PART 2

이렇게 예배하라

WORSHIP

CHAPTER 06

하나님이 원하시는
예배

하나님은 영이시니 예배하는 자가
영과 진리로 예배할지니라 요 4:24

하나님은 우리가 그분을 예배하기 원하신다. 그러나 마귀, 혹은
우리의 믿지 않는 마음은 하나님이 우리가 그분을 예배하는 걸
특별히 원하지 않으신다고 말하려 한다. 즉 우리는 예배를 드려
야 한다고 생각하지만 하나님은 그에 관심이 없으시다는 것이
다. 그러나 사실 하나님은 우리가 그분을 예배하기 원하신다.

하나님께서 날이 서늘할 때 아담과 이야기하기 위해 오셨다.
그날 아담을 찾지 못하신 하나님이 "아담아, 네가 어디 있느
냐?"라고 외치신 이유는 무엇이었는가? 하나님은 죄를 범한 아
담에게 예배를 받기 원하셨던 것이다.

하나님이 원하시는 것

누가복음 4장에서 우리 주님은 "주 너의 하나님께 경배하고 다만 그를 섬기라"(8절)라고 말씀하신다. 주님은 우리가 하나님을 예배하기 원하셨을 뿐만 아니라 그렇게 하도록 명하셨다. 또한 시편 45편에서 "그리하면 왕이 네 아름다움을 사모하실지라"(11절)라는 말씀을 보았는가? 하나님은 우리 안에서 어떤 것을 발견하신다. 그것은 하나님이 그곳에 두신 것이다.

우리가 가지는 불신에는 몇 가지 종류, 혹은 양상이 있다. 그중 하나가 우리가 하나님이 말씀하시는 것만큼 나쁘지는 않다고 생각하는 것이다. 우리의 나쁨에 대해 하나님이 말씀하시는 것을 믿지 않는다면, 우리는 결코 회개하지 않을 것이다.

다음으로, 우리는 하나님이 말씀하시는 것만큼 우리가 그분께 소중한 존재라고 믿지 않는다. 또한 하나님이 말씀하시는 것만큼 그분이 우리를 갈망하신다고 믿지 않는다. 모든 사람이 갑자기 순전하고 생동감 넘치는 믿음의 세례를 받아 하나님이 우리를 원하시고, 우리가 그분을 예배하기 원하시며, 우리가 기도하고 그분을 사모하며 찬양하기 원하신다고 믿게 된다고 하자. 그러면 그것은 그리스도인의 교제를 변화시키고, 하룻밤 사이에 우리를 가장 행복한 사람들로 만들어줄 수 있을 것이다.

"그리하면 왕이 네 아름다움을 사모하실지라 그는 네 주인이시니 너는 그를 경배할지어다"(시 45:11).

데살로니가후서에는 예수님이 강림하셔서 그의 성도들에게서 영광을 받으시고 모든 믿는 자들에게서 놀랍게 여김을 얻으실 때에 관하여 기록되어 있다(살후 1:10). 즉 사람들이 아니라 하나님이 찬양을 받으시는 것이다.

신약성경, 실은 모든 성경의 전체적인 요지와 본질은 하나님이 그분을 예배하도록 우리를 만드셨다는 것이며, 우리가 그분을 예배하지 않으면 창조된 목적대로 살지 못하고 있다는 것이다. 그런 우리는 빛이 없는 별, 열기가 없는 태양, 물이 없는 구름, 노래하지 못하는 새, 음악이 없는 하프이다. 우리는 그저 실패하고 목적에 미치지 못하고 있는 것이다.

나는 우리의 의지로 하나님을 예배할 수 없다는 것을 분명히 밝히려 한다. 우리가 하나님을 예배하도록 만드신 분이 또한 어떻게 예배해야 하는지 정해주셨다. 하나님은 아무 예배나 받지 않으신다. 오직 순결하고 성령의 영감으로 드리는 예배만 받으신다.

알다시피 하나님은 인간이 현 상태에서 드리는 거의 모든 예배를 거절하셨다. 하나님은 우리가 그분을 예배하기 원하시고, 또 우리에게 그것을 명하시고 요구하시며, 아담이 그분을 예배하지 못했을 때 분명히 염려하고 마음 아파하셨다. 그럼에도 불구하고 인류의 거의 모든 예배를 비난하고 거부하신다.

이제부터 나는 그 이유를 보여주려 한다. 이를 위해 인간의 예배, 거절당하는 예배, 하나님이 받지 않으시는 예배를 분석하겠다. 그리고 그것을 가인의 예배, 사마리아인의 예배, 이교도의 예배, 자연 숭배로 나누어보겠다. 세상에서는 적어도 네 종류의 예배가 행해지고 있으며, 하나님은 그 모든 것을 거절하시기 때문이다.

가인의 예배

나는 당신이 성경을 읽고 아벨이 하나님께 피의 제사를 드린 반면에 가인은 피의 제사를 드리지 않았다는 걸 알고 있을 거라 가정하고 말하겠다. 가인은 피 흘림 없는 제물을 가지고 왔다. 그는 하나님께 꽃과 열매와 땅의 소산물을 드렸다. 이 예배에는 세 가지 잘못이 있었다.

첫째, 가인의 예배는 하나님이 어떤 분이신지에 대한 잘못된 느낌에 근거하고 있다. 가인은 타락한 부모에게서 태어났고, 동산에서 하나님의 음성을 들은 적이 없었다. 그런 가인이 하나님을 예배하러 왔을 때, 그는 하나님이 아닌 다른 신에게 온 것이었다. 그는 자신의 상상 속의 신을 찾아왔다.

둘째, 가인은 인간과 하나님과의 관계를 실제와 다르게 생각하고 있었다. 이는 많은 종교적인 사람들이 착각하고 있는 바이기도 하다. 그들은 인간이 실제로 누리지 못하는 하나님과의 관계를 누리고 있다고 생각한다. 우리가 하나님의 자녀라고 생각하고 인류의 아버지 하나님에 대해 이야기하지만, 성경은 하나님을 '온 인류의 아버지'라고 가르치지 않는다.

셋째, 죄가 실제보다 덜 심각하다고 생각한 것이다.

가인은 세 가지 실수를 모두 범했다. 그는 하나님을 실제 하나님과 다른 신으로 여겼다. 자신을 실제 자신과 다른 사람이라고 생각했다. 그리고 하나님이 말씀하신 것보다 죄가 덜 악하고 덜 심각하다고 생각했다. 따라서 그는 즐겁게 자신의 제물을 가지고 나아와 하나님께 예배를 드리려 했던 것이다. 우리는 그것을 그저 '가인의 예배'라 부른다. 그것은 속죄가 없는 예배였다.

이것을 항상 명심하라. 하나님은 "그는 네 주인이시니 너는 그를 경배할지어다"라고 말씀하시고, "네가 어디 있느냐?"라고 부르시며 우리에게 영과 진리로 그분을 예배해야 한다고 명하신다. 그러나 구속의 피에 근거하지 않은 예배는 거절하신다.

사마리아인의 예배

당신은 사마리아인들에 대해 알고 있을 것이다. 오므리와 아합왕 아래서 사마리아성이 어떻게 종교적 중심지가 되었고 예루살렘이 중심지가 되지 못했는지 말이다.

사마리아인들은 엄밀히 따지면 이단자들이었다. '이단'이라는 것이 언제나 우리가 틀렸다는 걸 의미하지는 않는다. 이단

자로 불리는 사람이 특별히 잘못된 것을 가르치지 않을 수도 있다. 즉 이단자라고 해서 반드시 삼위일체 하나님이 없다거나 하나님이 세상을 창조하지 않으셨다거나 심판이 없다고 가르치는 것은 아니다.

'이단자'라는 단어의 의미는 '고르고 선택하는 사람'이다. 따라서 사마리아인들은 구약성경의 특정한 부분을 선택했다는 점에서 이단자들이었다. 그들은 "그러니까 우리는 모세오경은 받아들이지만 다윗과 이사야, 예레미야, 에스겔, 열왕기상하, 아가서는 모두 거부한다"라고 말했다. 그리고 그들은 "우리는 믿는다"라며 나름대로 해석했다.

어떻게 번역을 하면 당신이 입증하려는 것을 입증할 수 있는지 아는가? 그것은 누구나 할 수 있다. 당신은 그저 "나는 헬라어를 안다" 혹은 "나는 히브리어를 안다"라고 말하기만 하면 되고, 그 다음엔 독단적으로 번역을 한다. 그래서 그들은 사마리아를 예배 장소로 만들도록 모세오경을 번역했고, "자, 사마리아가 예배 장소다!"라고 말했다. 그리고 당연히 다음과 같이 말하는 유대인들에게 적대적이었다.

"아니다. 우리 조상들은 예루살렘에서 예배를 드렸다! 하나님은 그들에게 이 모리아산을 주셨고, 이 산에서 솔로몬이 성전을 지었다. 그곳이 바로 사람들이 예배를 드려야 할 장소다."

그리고 그리스도가 오셨다! 그러자 그들은 "아니, 아니다. 우리는 사마리아에서 예배를 드려야 한다"라고 말했다. 그러면서도 그들은 모세오경을 받아들였다. 성경을 자기들이 원하는 만큼만 받아들인 것이다.

요즘 얼마나 많은 이단이 존재하는지는 굳이 자세히 설명하고 강조하지 않아도 될 것이다. 즉 믿고 싶은 것만 믿고, 강조하고 싶은 것만 강조하고, 한 길을 따라가되 다른 길은 거부하고, 이것은 행하되 저것은 거부하는 것이다. 그렇게 하나님의 진리들 가운데서 고르고 선택하는 자들이 됨으로써 이단이 된다. 그것이 사마리아인의 예배이다.

이교도의 예배

나는 고대 이집트인들과 이교도들의 예배를 조사해볼 수 있다. 나는 그들의 책을 갖고 있다! 이집트의 〈사자(死者)의 서(書)〉와 조로아스터와 부처의 가르침들도 있다. 그리고 인간의 법들도 있다. 만약 이에 대해 알기 원한다면, 또 들을 사람이 있다면 이교도들의 예배와 이방인들의 숭배에 대해 2주 동안도 설교할 수 있을 것이다.

바울은 그것에 대해 부드럽게 말하지 않는다. 그는 노골적으로 그것을 비난하며 "하나님을 알되 하나님을 영화롭게도 아니하며 감사하지도 아니하고 오히려 그 생각이 허망하여지며 미련한 마음이 어두워졌나니"(롬 1:21)라고 말한다. 또한 그들은 하나님에서 인간으로, 인간에서 새로, 새에서 짐승으로, 짐승에서 물고기로, 물고기에서 땅에 기어 다니는 것들로 내려갔다. 그것은 인간의 예배에 있어 끔찍한 하락이었다.

자연 숭배

나는 자유주의보다는 차라리 자연 숭배에 더 공감한다. 그러나 그래서는 안 될 것이다. 자연 숭배는 종교의 시에 불과하기 때문이다. 당신도 알다시피, 종교는 그 안에 많은 시를 갖고 있다. 우리는 교회에서 많은 시를 노래한다. 그렇지 않은가?

대부분의 사람들은 미소 짓는 얼굴로 어깨를 으쓱거리며 "난 시인이 아니고, 시를 그렇게 좋아하지 않아요"라고 말하지만, 실상은 그렇지 않다. 어떤 사람의 흥을 잔뜩 돋운 후에 그가 본 것을 말하게 해보라. 그러면 즉시 은유와 직유, 비유적인 표현들을 듣게 될 것이다. 그들의 말처럼 "그는 시인인데도 그 사실을 모른다". 우리는 모두 시인이며, 종교는 마음을 쏟을 수 있는 다른 어떤 일보다 더 많은 시를 이끌어낸다.

또한 종교에 관한 아름다운 것들이 많다. 거룩하고 숭고한 것을 생각할 때 큰 기쁨이 있고, 아름다운 것에 마음이 집중된다. 그것은 언제나 숭고한 기쁨을 가져다준다. 그것이 자연 숭배다.

어떤 사람들은 이 자연 숭배를, 이 몰입된 감정을 참된 예배로 착각한다. 그리스도인이 아니었던 에머슨(Emerson)은 가끔씩, 즉 밤에 들판을 걷거나 비온 뒤 풀밭에 생긴 작은 물웅덩이에 햇빛이 비칠 때, 갑자기 마음이 너무 행복해지면 오히려 두려움이 가득해진다고 말했다.

"나는 너무 행복했고, 또한 두려웠다!"

그는 단지 이교도 시인일 뿐이었다! 그리고 요즘 행해지는 많은 예배들도 이교도의 시에 지나지 않는다. 그것은 모두 자연 숭배다.

어떤 사람들은 종교 음악을 참된 예배로 착각한다. 음악이 기분을 좋게 해주기 때문이다. 음악은 거의 환희를 느끼게 해준다. 음악은 우리의 감정을 황홀경에 빠지게 할 수 있다. 음악은 우리를 정화하는 효과가 있다. 따라서 하나님에 대한 막연한 개념을 가지고 행복하고 흥분된 마음 상태에 빠질 수 있으며, 우리가 전혀 하나님을 예배하고 있지 않음에도 예배를 드리고 있다고 상상할 수 있다. 그러나 우리는 그저 즐기고 있을 뿐이다. 아직은 죄가 그것을 앗아가지 못했다.

나는 지옥에 시가 있다고 생각하지 않는다. 도덕 세계의 끔찍한 오물들 사이에서, 그 끔찍한 지옥에서 비유와 은유와 노래를 부르기 시작할 사람이 있을 거라고 믿을 수 없다! 우리가 천국에서 그것에 대해 읽는 것은 그것이 그곳에 속한 것이기 때문이다. 그러나 내가 아는 한, 성경에 보면 지옥에서는 그것에 대해

들을 수가 없다. 우리는 지옥에서의 대화에 대해 듣지만, 노래에 대해서는 듣지 못한다. 그곳에는 노래가 없고, 시가 없고, 음악이 없기 때문이다.

세상에는 구원받지 못한 사람들 간에도 그것이 많이 있다. 그 이유는 그들이 하나님의 형상으로 지음 받았기 때문이다. 그래서 그들이 마음에서 하나님을 잊어버렸어도 여전히 그 숭고함에 감탄한다.

영과 진리로 드리는 예배

우리 주 예수님은 "하나님은 영이시니 예배하는 자가 영과 진리로 예배할지니라"(요 4:24)라고 말씀하셨다. 지금 나는 당신이 그 단어를, 그 명령형 단어를 보기 원한다. '할지니라'(must)라는 단어는 모든 모호함을 없애고 예배를 인간의 손에서 가져간다. 당신도 알다시피, 인간은 하나님을 예배하기 원하지만 자기가 원하는 방식으로 하기 원한다. 가인이 그랬고, 사마리아인들이 그랬고, 오랫동안 사람들이 그랬으며, 하나님은 그 모든 것을 거부하셨다.

우리 주 예수님은 "하나님은 영이시니 예배하는 자가 영과 진리로 예배할지니라"라고 말씀하셨다. 그리고 그분은 우리가 어떻게 하나님을 예배해야 하는지 말씀해주시기로 영원히 결정하셨다. 어떤 사람이 말했듯이, "하나님은 타는 불꽃을 만드시고,

이성적인 두뇌를 주시고, 그 다음에야 인간의 예배를 요구하실 것이다". 사람마다 자기만의 방식대로 하나님을 예배할 것이 아니라, 단 하나의 예배 방식이 있다.

"내가 곧 길이요 진리요 생명이니 나로 말미암지 않고는 아버지께로 올 자가 없느니라"(요 14:6).

따라서 하나님이 어디서나 누구의 예배든지 다 받아주신다고 주장하는 사상을 허용하는 것은 자비롭고 너그러운 것이 아니라, 그 사람을 위태롭게 만드는 것이다.

나는 이에 대해 정치인이 될 수 없다. 어떤 정치인들이 시카고에서 모일 때 매일 다른 설교자들을 불러 기도로 모임을 시작하게 했다. 나는 솔직히 이 설교자들이 기도하는 걸 들었을 때 경멸감을 느꼈다. 그들은 유대인을 모욕하거나 하만의 기분을 상하게 할까 봐 두려워 마치 계란 위를 걷듯이 조심스럽게 단어를 선택했다. 그들이 기도 중에 예수님을 언급하면 누군가의 감정을 상하게 할까 두려웠기 때문이다. 그러나 그들이 샌프란시스코로 나와 장로교 설교자에게 기도를 부탁했을 때 그 장로교 설교자는 "우리 주 예수 그리스도의 이름으로 기도드립니다. 아멘" 하고 기도를 끝마쳤다.

"하나님은 영이시니 예배하는 자가 영과 진리로 예배할지니라."

이 바알의 제단들, 이 교회들에서 그들은 예수의 영으로, 선한 영으로, 위대하신 아버지의 이름으로, 그리고 형제애의 이름으로 기도를 드린다. 형제애의 이름으로 말이다. 그것은 너무도 나쁜 것이다.

이제 진리를 들으라. 진리이신 주님이 성육신하셔서 "하나님은 영이시니 예배하는 자가 영과 진리로 예배할지니라"라고 말씀하신다.

예배자는 진리에 복종해야 한다. 그렇지 않으면 그는 하나님을 예배할 수 없다. 그는 시를 쓸 수 있고 해돋이를 보면서 고상한 생각들을 품을 수 있다. 새끼 종달새가 노래하지 않을 때에도 새끼 종달새의 노랫소리를 들을 수 있다. 그는 온갖 것을 할 수 있지만, 하나님께 합당한 예배를 드릴 수는 없다. 그런 예배를 드린다는 것은 곧 그가 하나님에 관한 진리에 복종한다는 뜻이기 때문이다.

그는 하나님이 어떤 분이신지, 그분이 누구라고 말씀하시는지 알고 인정해야 하며, 그리스도가 말씀하신 대로 그리스도가 어떤 분이신지를 인정해야 한다.

또한 그 자신에 대한 진리를 인정해야 한다. 즉 하나님이 말씀하시는 대로 그는 악한 죄인임을 알아야 한다. 그리고 대속의 진리, 곧 예수 그리스도의 보혈이 그 죄를 깨끗하게 하고 우리를 그로부터 구원한다는 것을 시인하고, 하나님의 길로 나아와야 한다. 그를 창조하신 하나님의 형상을 따라 새롭게 되어야 한다. 오직 새롭게 된 사람만이 하나님께 합당한 예배를 드릴 수 있다. 오직 구속받은 사람만이 하나님이 받으실 만한 예배를 드릴 수 있다.

그는 또한 진리의 영을 받아야 한다. 구약성경에서 어떤 제사장도 기름 부음을 받기 전까지는 제사를 드릴 수 없었던 것을 기억하라. 그는 하나님의 영을 상징하는 기름 부음을 받아야만 했다. 누구도 자기 마음대로 예배를 드릴 수 없다. 꽃들 사이에서, 새들의 둥지와 무덤들 사이에서, 어디서든지 하나님께 예배드릴 곳을 찾게 하라. 그는 자기 마음대로 예배를 드릴 수 없다. 오직 성령만이 하나님께 합당한 예배를 드릴 수 있다.

또한 성령이 우리 안에서 하나님의 영광을 비추셔야만 한다. 성령은 우리에게 오셔서 하나님의 영광을 비추신다. 그 비춤이 우리의 마음에 미치지 않는다면, 영광의 빛도, 예배도 없다. 오, 그리스도의 일은 얼마나 크고 방대하며, 이해할 수 없고 놀라운 것인가!

그렇기 때문에 나는 복음을 기껏해야 흡연에서 구원하는 것으로 이해하는 기독교에 그다지 공감할 수가 없다. 그것이 기독교인가? 나를 나쁜 습관으로부터 지켜주는 것? 물론 새로운 탄생은 사람을 올바르게 만들 것이다! 그러나 우리를 구속하신 하나님의 목적은 우리가 거룩한 예배의 명령으로 돌아가 하나님이 "그리하면 왕이 네 아름다움을 사모하실지라 그는 네 주인이시니 너는 그를 경배할지어다"(시 45:11)라고 말씀하시는 것을 다시 들을 수 있게 하려는 것이다.

* "He is Lord, Worship Him."
  1957년 9월 22일, 시카고 사우스웨스트 얼라이언스 교회에서 한 설교.

CHAPTER 07

장엄하고 온유하신
그분을 예배하라

여호와께서 다스리시나니
땅은 즐거워하며 허다한 섬은 기뻐할지어다
구름과 흑암이 그를 둘렀고
의와 공평이 그의 보좌의 기초로다 시 97:1,2

우주 어딘가에 믿을 만하고 옳은 존재가 있음을 안다는 것은 참으로 놀라운 일이다. 나는 종종 진중한 하나님의 사람의 말을 약간 가볍게 인용하곤 한다.

"당신이 평화롭고 마음이 평온하다면 사람들의 삶을 너무 자세히 뜯어보지 말라. 그러면 충격을 받을 것이다."

그러나 정의와 심판으로 가득한 보좌가 있다.

"그의 번개가 세계를 비추니 땅이 보고 떨었도다 산들이 여호와의 앞 곧 온 땅의 주 앞에서 밀랍 같이 녹았도다 하늘이 그의 의를 선포하니 모든 백성이 그의 영광을 보았도다"(시 97:4-6).

백만 년 넘게 찾아보아도 당신은 거기서 아무 잘못도 찾지 못할 것이다. 하나님의 보좌가 바로 서 있고, 그 보좌에 앉으신 하나님은 의로우시다. 그분은 의의 하나님이시며, 하늘은 그분의 의를 선포한다.

"모든 백성이 그의 영광을 보았도다 조각한 신상을 섬기며 허무한 것으로 자랑하는 자는 다 수치를 당할 것이라 너희 신들아 여호와께 경배할지어다 여호와여 시온이 주의 심판을 듣고 기뻐하며 유다의 딸들이 즐거워하였나이다 여호와여 주는 온 땅 위에 지존하시고 모든 신들보다 위에 계시니이다"(시 97:6-9).

이는 하나님에 대해 말하는 시편 97편의 일부분이다. 인간은 타락한 후에 그 영광을 볼 수 없게 되었다. 그러나 하나님의 사람, 순교자 스데반은 "영광의 하나님이 우리 조상 아브라함에게" 보였다고 말했고(행 7:2), 하나님은 가려졌던 그 영광을 드러내기 시작하셨다.

하나님이 시작하시다

이제 당신은 어떤 것이 가려져 있다고 해서 그 빛이 흐려졌거나 그 영광이 어떻게든 흐릿해졌다는 뜻이 아니라는 걸 안다. 이는 단지 우리와 그 빛나는 틀 사이에 무언가가 존재한다는 뜻이다.

태양이 가려진다고 해서 그전보다 온도가 1도도 낮아지지 않는다. 표면에서 번뜩이는 그 불꽃이 전보다 1인치도 짧아지지 않는다. 그것은 가려지기 전과 똑같이 뜨겁고 크고 강력하며 자유롭다. 가려진 것은 태양이 아니기 때문이다. 가려지는 것은 바로 우리다! 우리는 이것을 분명히 해야 한다.

태양은 아무 이상이 없으며 크고 전능하신 하나님도 그렇다. 하나님의 영광은 전처럼 밝게 빛나며, 영광의 하나님이 사람들에게 나타나기 시작하셨다. 하나님은 아브라함에게 나타나셨고, 그분의 구속의 목적이 전개되는 가운데 그분이 원하시는 것을 보여주기 시작하셨다.

우리는 매우 형편없는 상태였다. 우리가 얼마나 형편없었는지 알고 싶다면 로마서 첫 장을 읽어보라. 우리는 인간을 숭배할 뿐만 아니라 — 그것도 충분히 나쁘지만 — 더 나쁜 짐승을 숭배하기에 이르렀다. 짐승을 인간처럼 숭배했을 뿐만 아니라 새들과 물고기와 기어 다니는 뱀까지 숭배했다. 우리는 그들을 숭배했다. 이제는 그것으로도 불충분한지 벌레들까지 숭배한다. 일정하지 않은 것이나 기어 다니는 것들까지 숭배했다. 우리는 그것들에 무릎을 꿇고 "주여, 나의 신이여!"라고 말했다.

우리의 마음은 그렇게 심하게 쇠퇴했다. 가려진 것은 우리의 마음이었지 하나님이 아니었다. 그래서 하나님은 구름 뒤에서 나타나기 시작하셨다. 영광의 하나님이 아브라함에게 나타나셨고, 그분이 한 분이심을 보여주셨다. 그것이 하나님께서 자신에 대해 제일 처음 계시하신 것이었다. 하나님은 그분의 거룩하심보다 그분의 유일성을 제일 먼저 계시해주셨다.

전능한 신이 둘 또는 셋이 존재하다고 생각하는 것은 전능하신 하나님께 모욕이었다. 당신은 무한한 존재가 둘이 있을 수 없고 전능하신 하나님이 둘이 있을 수 없다는 것을 생각해보았는가? 두 존재가 전능한 것이 가능한 일일까? 한 존재가 모든 능력을 갖고 있다면, 두 번째 존재는 어디에 들어오겠는가? 당신은 모든 능력을 가질 수 없다. 모든 능력을 가진 두 존재는 있을 수가 없다.

그래서 우리는 '무한하신 분'께 나아온다. 이는 완전하고 절대적인 의미에서 '끝이 없거나 한계가 없는 것'을 뜻한다. 그렇다면 어떻게 절대적인 두 존재가 있을 수 있겠는가? 한 분은 있을 수 있지만 둘은 있을 수 없다. 절대적이고, 무한하시고, 전능하시고, 하나님의 어떤 속성이라도 가진 두 존재를 생각하는 것도 형이상학적으로 불가능하다. 그러나 우리는 그걸 몰랐다. 그래서 움직이는 모든 것을 경배했고, 움직이지 않더라도 그 앞에 엎드려 어떻게든 그것을 숭배했다. 우리는 모든 것을 숭배했다! 나무, 태양, 별들을 숭배했고, 모든 곳에 신들이 있었다.

우리에게는 이것이 그저 이상하고 우스워보일지 모르지만, 전능하신 하나님께서 사람들에게 "이스라엘아 들으라 우리 하나님 여호와는 오직 유일한 여호와이시니"(신 6:4)라고 말씀하실 때 전혀 우습지 않았다. 하나님은 한 분이셨다. 학자들은 그것을 '일신론'이라 칭한다. 사람들에게 그 의미를 알려주지 않고 자기들이 매우 박식하다는 인상을 주려고만 한다. 그러나 모든 일신론은 유일하신 하나님이 존재하신다는 것을 뜻한다. 하나님은 한 분이신데, 우리는 여럿이 있다고 생각했다. 인류는 신이 여럿 있다고 생각했다.

나는 키케로(Cicero)가 신들에 관해 쓴 책을 갖고 있다. 키케로는 강한 사람이었으나 신이 한 분 이상 존재한다고 생각했다. 그래서 하나님은 이렇게 말씀하셨다.

"너희가 제일 먼저 분명히 알아야 할 것은 나에게 경쟁 상대가 없다는 것이다. 나 외에 다른 신은 없다. 들으라, 오 이스라엘아! 들으라, 오 이스라엘아! 주 너의 하나님은 한분이시니, 너희는 오직 그를 예배하여라."

그리고 몇 백 년 후, 한 그리스도인이 이렇게 노래했다.

유일하신 하나님! 유일하신 지존자!
주 외에 하나님이 없나이다!
구속받지 않고 흐트러지지도 않는 일체시여!

그 통일성이 놀라우니

오, 하나님! 우리가 주를 예배합니다

탁월한 세 분이시기에 더 단순하게 한 분이신 주님을!

두렵고, 처음이 없으신 주여!

한 분이시나 혼자가 아니시니

피조물은 주님을 더 높은 보좌에 모시지 않았습니다

측량할 수 없는 바다!

모든 생명이 주로부터 나오니

주의 생명은 지극히 복된 일체십니다

그리스도인들은 이것을 알았다.

주께로부터 나오는 모든 것들

주께서 행하신 모든 일들

모두 주님의 유일하심을 기리기 위해 행하셨나이다

주님의 일체성을 찬양합니다!

나에게 모든 기쁨은 하나이니

곧 주님 외에 다른 하나님이 있을 수 없다는 기쁨입니다!

이것은 그리스도인들이 노래했던 것이고, 또 그리스도인들이 믿는 것이다. 이것은 예수님이 가르치신 것이다. 그리고 조금씩 하나님은 가려진 곳에서 나오셨다.

위대하신 하나님을 두려워하라

나는 내가 무언가가 된 것처럼 느끼거나 여왕이나 대통령이나 어떤 사람 앞에서 약간 두려움을 느낄 때 출애굽기로 돌아가고 싶다. "여호와께서 모세에게 이르시되 내가 빽빽한 구름 가운데서 네게 임함은 내가 너와 말하는 것을 백성이 듣게 하며 또한 너를 영영히 믿게 하려 함이니라 모세가 백성의 말을 여호와께 아뢰었으므로"(출 19:9)라고 말하는 출애굽기로 돌아가고 싶다. 모세는 백성에게 말했고, 그 다음에 하나님이 이렇게 말씀하셨다.

"너는 백성에게로 가서 오늘과 내일 그들을 성결하게 하며 그들에게 옷을 빨게 하고"(출 19:10).

우리는 그 놀라운 임재 안으로 갑자기 들어가지 않는다. 준비를 해야 하고 성결하게 되어야만 한다.

나는 〈라이프〉(Life)라는 잡지가 이것에 대해 무엇을 하려 했는지 모른다. 그들은 그것을 사진으로 찍고 싶어 했던 것 같다. 그러나 "너는 백성을 위하여 주위에 경계를 정하고 이르기를 너희는 삼가 산에 오르거나 그 경계를 침범하지 말지니 산을 침범하는 자는 반드시 죽임을 당할 것이라"(출 19:12)라고 말씀하시는 크신 하나님은 그들이 다룰 수 있고, 끌고 다닐 수 있고, 베개 밑에 둘 수도 있었던 신들과 얼마나 다른가. 하나님은 말씀하셨다.

"그런 자에게는 손을 대지 말고 돌로 쳐 죽이거나 화살로 쏘아 죽여야 하리니 짐승이나 사람을 막론하고 살아남지 못하리라 하고 나팔을 길게 불거든 산 앞에 이를 것이니라"(출 19:13).

우리가 무엇을 했는지 아는가? 아무도 더 이상 하나님을 공경할 수 없을 때까지 하나님을 낮추었다. 한번은 내가 뉴욕에서 설교를 하다가 이렇게 말했다.

"저는 작고 조용한 운동을 벌이고 있습니다. 매디슨 스퀘어 가든(Madison Square Garden)에서 행해지는 큰 운동이 아니고, 교회에 예배를 회복시키기 위한 조용하고 작은 운동입니다."

우리가 교회에서 나갈 때 근사해 보이는 어느 영국 신사가 내게 말했다.

"토저 형제님, 저도 당신의 운동에 동참하고 싶습니다. 저는 27년 동안 극동 지방에서 선교사로 일했습니다. 이제 집에 돌아왔는데, 우리가 다시 하나님께 드리는 예배로 돌아가야 한다고 생각해요. 그 강하고 두려운 하나님을 말이죠."

오늘날의 복음은 당신이 그로부터 얻을 수 있는 것 때문에 유익한 것으로 전락했다. 하나님이 "너희는 기도할 때에 이렇게 하라 아버지여 이름이 거룩히 여김을 받으시오며"(눅 11:2)라고 말씀하신 것을 잊었다. 나는 전능하신 하나님께서 세상을 구원하는 것보다 그분의 이름을 영화롭게 하길 원하시며, 무수한 이들과 모든 창조된 지성과 죄인들이 구원을 받거나 세상이 구속을 받기 전에 그분의 이름이 거룩히 여김을 받기 원하신다고 거침없이 말한다.

하나님의 지혜와 자비로, 그분은 세상을 구속하고 자신의 영광을 확대해서 나타내실 수 있도록 준비해놓으셨다. 그러나 우리의 첫 번째 책임과 의무는 사람들을 돕는 것이 아니라 하나님을 높이는 것이다. 그것이 모더니즘이며, 그들은 그것을 우리에게 던져놓았다. "세상이 타락하면 하나님을 의로 여기라"라고 말한 우리의 청교도, 네덜란드, 스코틀랜드 선조들은 옆으로 밀쳐졌다. 그리고 그들은 우리에게 하나님이 매우 친절하시고 낮고 겸손하시며 온화하시고 쉽게 다가갈 수 있는 분이셔서, 우리가 그것으로부터 모든 의미를 끌어냈다고 말한다.

이 영광스럽고 두려운 이름, 여호와, 네 하나님을 두려워하라. 그분의 탁월하심이 당신을 두렵게 만들지 않는가? 그분의 두려운 모습이 당신을 덮치는가? 하나님께는 무서운 위엄이 있고 그분 주위에는 어두움이 있다. 하나님은 물의 흑암과 공중의 빽빽한 구름으로 장막같이 두르셨다.

"영광의 왕이 누구시냐 강하고 능한 여호와시요 전쟁에 능한 여호와시로다"(시 24:8).

"너희는 기도할 때에 이렇게 하라 아버지여 이름이 거룩히 여김을 받으시오며"(눅 11:2).

"주의 존귀하고 영광스러운 위엄과 주의 기이한 일들을 나는 작은 소리로 읊조리리이다"(시 145:5).

나는 단지 하나님이 구름 뒤에서 나오시는 것에 대해, 우리를 구름 뒤에서 나오게 하셔서 그분이 얼마나 위대한지를 보여주시는 것에 대해 성경이 뭐라고 말하는지 알려줄 뿐이다.

"여호와께서 그의 장엄한 목소리를 듣게 하시며 혁혁한 진노로 그의 팔의 치심을 보이시되 맹렬한 화염과 폭풍과 폭우와 우박으로 하시리니"(사 30:30).

어떤 사람은 이렇게 말한다.

"그것은 구약성경이고, 신약성경에서 우리는 온유하고 낮아지신 예수님을 본다."

물론 그렇다. 또한 나는 낮아지시고 온유하신 예수님에 대해서도 이야기하고 싶다. 그러나 온유하신 예수님은 텁수룩하고 여성스러운 머리를 한 예수님과는 거리가 멀다는 걸 당신이 알았으면 한다. 나는 그리스도의 이런 여성스러운 머리를 믿지 않는다. 집에 동정녀 마리아상을 두지 않는 것처럼 그런 예수님의 그림을 두지 않을 것이다. 그것은 예수님이 아니기 때문이다. 그 연약해 보이고 처량해 보이는 이는 숨을 곳을, 혹은 축복할 사람을 찾기 위해 두리번거리고 있다.

성령은 "하늘에 있는 자들과 땅에 있는 자들과 땅 아래에 있는 자들로 모든 무릎을 예수의 이름에 꿇게 하시고 모든 입으로 예수 그리스도를 주라 시인하여 하나님 아버지께 영광을 돌리게 하셨느니라"(빌 2:10,11)라고 말한다. 또한 "기약이 이르면 하나님이 그의 나타나심을 보이시리니 하나님은 복되시고 유일하신 주권자이시며 만왕의 왕이시며 만주의 주시오 오직 그에게만 죽지 아니함이 있고 가까이 가지 못할 빛에 거하시고 어떤 사람도 보지 못하였고 또 볼 수 없는 이시니 그에게 존귀와 영원한 권능을 돌릴지어다 아멘"(딤전 6:15,16)라고 했다.

이것이 신약성경이다! 또한 우리가 말하는 이, 예수 그리스도는 만물의 주님이시다. 그분은 모든 존재의 주, 모든 생명의 주이시며, 모든 위엄과 모든 영광의 주님이시다.

하나님은 말씀하신다.

"너희는 이렇게 기도하라 하늘에 계신 우리 아버지여 이름이 거룩히 여김을 받으시오며 나라가 임하시오며 뜻이 하늘에서 이루어진 것 같이 땅에서도 이루어지이다"(마 6:9,10).

친구들이여, 이것이 더 중요하다! 그리스도의 교회가 이교도들에게 복음을 전해야 하는 것보다 영광의 하나님을 찬양하는 것이 더 중요하다. 그러나 바울의 말처럼 이방인들에게 복음을 전하고 그들을 구원함으로써 더 많은 사람들이 하나님을 찬양하게 하는 것도 하나님의 뜻이다. 그러므로 우리는 더 많은 사람들을 전도함으로써 하나님을 영화롭게 한다. 그래도 당신이 선택을 해야만 한다면 하나님을 높이는 것이 우선일 것이다.

나는 누가 그 일을 할지 모른다. 나는 유럽 선교회(European Missions)의 제임스 스튜어트(James Stuart)와 기독학생회(InterVarsity)의 스테이시 우즈(Stacey Woods), 그 외의 몇몇 형제들과 이야기를 나누었고, 우리는 거의 의견의 일치를 보았다. 우리는 가만히 서서 서로를 쳐다보며 말했다.

"그러면 언제 이것이 한데 모여서 흘러가기 시작할까요? 하나님의 영광을 믿고 하나님을 높이며 세상에 예배를 회복해야 할 필요성을 믿는 이 사람들이 충분히 많아질 때가 언제일까요? 언제쯤이면 우리가 여기저기 흩어진 작은 웅덩이보다 더 큰 존재가 될 수 있을까요? 우리가 언제 모여서 흐르는 강이 될 수 있을까요?"

아직은 아무도 답을 알지 못하지만, 조만간 하나님께서 우리에게 답을 주실 것이다.

또한 그리스도의 교회에서 우리에게 필요한 것이 있다면 그것은 우리 조상들의 하나님께 돌아가는 것, 우리의 상상 속의 신이 아니라 아브라함과 이삭과 야곱의 거룩하신 하나님께, 우리가 이래라저래라 하는 연약한 신이 아니라 크고 전능하신 하나님께 돌아가는 것이다.

스스로 자신을 비우신 하나님

하나님은 크신 분이시다. 내가 멈춰야 한다면 거기서 멈출 것이다. 그러나 또한 시편 45편에는 위엄뿐 아니라 온유함도 있다는 것을 당신에게 말해줄 수 있어서 기쁘다.

"왕은 진리와 온유와 공의를 위하여 왕의 위엄을 세우시고"(시 45:4).

그분은 스스로 온유해지셨다. 온유함은 형용사다. 그것은 동사가 아니지만, 동사여야만 한다. 과거에도 그랬고, 앞으로도 그럴 것이다. 주님은 온유하게 자신을 낮추셨다. 그리스도 예수는 근본 하나님의 본체시나 하나님과 동등 됨을 취할 것으로 여기지 아니하시고 오히려 자기를 비우셨다(빌 2:6,7).

자기를 비우는 사람은 자신의 존재에 대한 확신이 있는 사람이다. 그는 자신의 명성이 안전하다는 걸 알기 때문에 그것을 놓을 수 있다. 자신에 대해 확신이 없는 사람은 항상 그것을 방어해야 하며, 자신의 명성을 지키기 위해 돌아다녀야 한다. 그리고 누군가가 그의 명성을 손상시키는 말을 하는 것을 들으면 격분한다.

그러나 주님은 자신을 비우셨다. 왜인가? 자신이 누구인지 아셨기 때문이다. 자신이 산을 진동하게 만든 이, 전능하신 주 하나님이라는 걸 아셨다. 자신이 물의 흑암과 공중의 빽빽한 구름으로 장막같이 두르신 이, 능하신 주 하나님이라는 걸 아셨다.

자신이 영광의 왕이요 위엄의 주이심을 아셨다. 그분의 영광스러운 이름을 영원히 찬양할지어다! 그분은 잃어버린 세상을 구속하기 위해 자기의 명성을 비우는 것을 두려워하지 않으셨다. 그래서 어떠한 명성도 취하지 않으셨다.

또 한 가지 사실은 주님이 인간의 형체를 취하셨다는 것이다. 실제로 제일 먼저 종의 형체를 입으셨다. 그것은 대단한 일이다. 줄곧 명령을 내리셨고 세상이 존재하기 전부터 사셨으며 창세전부터 존재하셨던 분이 이제 종이 되신 것이다. 그분은 어떠한 명성도 취하지 않으셨을 뿐만 아니라 종이 되셨고 인간의 모습으로 나타나셨다.

그리고 주님은 인간이 되신 후 더욱 자신을 낮추셔서 죽기까지 복종하셨다. 그것도 부족했는지, 그분은 십자가의 죽음까지 당하셨다. 주님이 영광으로부터 내려오셔서 일생을 사시다가 나이가 들어 슬퍼하는 친구들에게 둘러싸여 침상에서 돌아가셨더라도, 능력과 아름다움이 그의 성소에 있었던, 크고 전능하신 주 하나님이 돌아가셔야만 한다고 생각하면 정말 처참했을 것이다. 그러나 그분은 그 당시에 알려진 최악의 방법으로 죽으셨다. 바로 로마의 십자가에 달려 돌아가신 것이다. 땀을 흘리고, 뼈가 탈골되고, 입술이 갈라졌으며, 눈이 게슴츠레해지셨다. 그분은 그렇게 돌아가셨다. "곧 십자가에 죽으심이라"라고 성령은 말씀하신다. 주님이 그렇게 온유하셨다는 것은 얼마나 놀라운 겸손인가.

당신이 구원을 받는다면, 하나님이 계신 하늘나라로 들어가 그 거룩한 문들을 지나 은빛 바다를 보게 된다면, 그것은 당신의 어떤 것 때문이 아닐 것이다. 하나님이 마음을 바꾸셨거나 그분의 왕위나 권력을 잃으셨기 때문이 아닐 것이다. 형제들이여, 그 누구도 크고 전능하신 하나님의 위엄을 축소하지 않았다. 그리고 예수 그리스도가 인간이 되셨을 때 그분은 아무것도 잃어버리지 않으셨다. 신학자 라이트풋(Lightfoot)은 "주님은 그분의 영광을 가리셨지, 그 영광을 비우지는 않으셨다!"라고 말했다.

먼지가 수북이 쌓인 발과 헝클어진 머리로 예루살렘을 걸어 다니며, 바람 속을 거닐며 여기저기 다니셨던 분이 바로 그분의 음성으로 능하신 주님을 내려오게 만드신 주 하나님이셨다. 이분이 우리의 그리스도시다. 이분이 우리의 예수님이시다.

차용한 위엄

당신이 얼마나 복 받은 사람인지 알기 위해 통치자 하나님을 알도록 노력하기 바란다. 만일 주님이 그분의 위엄을 지키고 기꺼이 자신을 낮추지 않으셨다면, 당신은 아주 불행했을 것이다. 죄를 짓고 첫 주거지를 떠났던 천사들과 함께 지냈을 것이다. 당신은 넘어졌을 것이다. 당신 안에는 당신을 구원할 수 있는 것이 아무것도 없었다.

당신이 첫 걸음을 떼던 날, 혹은 그 전에 그 구덩이를 향해 내려가기 시작했을 때 천사 같은 목소리가 "하나님, 뭐하고 계십니까? 저 사람을 멸망하게 내버려두지 마세요. 저 여자를 죽게 하지 마세요"라고 말하지 않았다. 정의와 위엄과 영광이 요구되는 곳에선 그런 것이 없다. 우리는 모두 함께 멸망하며, 마귀와 타락한 천사들이 있는 지옥으로 간다. 그리고 하나님은 그로부터 우리를 구원하기 위해 자신의 위엄을 버리지 않으셨을 것이다. 그것을 명심하라. 하나님은 그로부터 우리를 구원하기 위해 그분의 영광을 낮추지 않으셨다. 그로부터 우리를 구원하기 위해 결코 그분의 거룩한 이름을 더럽히지 않으셨다.

크고 전능하신 하나님이 자신을 낮추실 때, 그러한 위엄이 스스로 낮아질 때 "그리하면 왕이 네 아름다움을 사모"(시 45:11)하실 것이다. 하나님은 왜 그렇게 하셨는가? 당신의 아름다움을 매우 사모하셨기 때문이다. 당신 안에 있는 그 아름다움은 당신이 가진 아름다움이 아니라 하나님께서 당신 안에 두신 아름다움이다.

그것이 셰익스피어가 말한 '차용한 위엄'이었다. 그 차용한 위엄은 당신에게 속한 것이며, 비틀거리고 흐린 눈에 면도도 안한 얼굴로 빈민굴에 사는 가련한 부랑자도 내면에 그 차용한 위엄을 가지고 있다. 하나님께서 우리를 그분 자신의 형상으로 만드셨기 때문이다. 그것은 우리를 구원해주지 않는다. 그러나 하나님이 아름답다고 칭하신 것이 거기 있었다. 그래서 그분은 내려오셨다.

하나님이 꼭 내려오셔야만 했기 때문에 오신 것이 아니다. 당신이 하나님을 궁지에 빠뜨릴 수 있다고 생각하지 마라. 하나님은 결코 궁지에 빠지지 않으시며, 인간에게 점령당하여 곤경에 처하는 일이 없으시며, 원치 않는 일을 억지로 하지 않으신다. 위대하신 하나님이 내려오신 것은 우리를 갈망하셨기 때문이고, 그분이 우리를 갈망하신 것은 우리를 그분의 형상으로 만드셨기 때문이다. 그게 전부다.

하나님은 우리를 그분의 형상으로 만드셨다. 그분은 가족 간의 닮은 점이 누더기가 된 채 남아 있는 것을 보셨다. 그리고 우리 안에 응답할 수 있는 것이 있다는 걸 아셨다. 비록 타락하고 길을 잃고 불운한 운명이더라도, 응답할 수 있는 것이 우리 안에 있다는 걸 아셨다.

그로 인해 우리는 매일 하나님께 감사해야 한다. 여기에 투덜거리고 불평하며 하나님께 늘 감사하지 않는 사람이 있다면, 나는 그를 딱하게 여기며 그가 회개하길 바란다. 우리에게 어떤 일이 일어나더라도 우리 안에 응답할 수 있는 것이 있다는 사실을 하나님께 감사할 수 있어야 하기 때문이다. 우리 안에 응답할 수 있는 것이 있다는 사실이 기쁘지 않은가?

만일 하나님이 먼저 그것을 그곳에 두지 않으셨다면 우리가 응답을 할 수 있었을지 확신이 없다. 왜냐하면 내가 요한복음과 로마서를 바르게 이해하고 있다면, 먼저 성령에 의해 감동을 받을 때를 제외하고는 응답할 수 있는 것이 인간 속에 있다고 믿지 않기 때문이다. 나는 선을 행하시는 성령의 일들을 믿는다. 그것이 선택과 예정설이 아니라면, 무엇인지 모르겠지만 틀림없이 존재한다.

주 예수님도 "아버지께서 이끌지 아니하시면 아무도 내게 올 수 없다"라고 말씀하셨다. 아무도 스스로 올 수 없는데, 우리는 "오세요! 오세요! 오세요!"라고 말한다. 그런데 주님은 "아버지께서 이끌지 아니하시면 아무도 내게 올 수 없다"라고 하셨다. 아버지께서 이끄시면 그는 올 것이다. 그리고 오는 자에게 주님은 "그에게 생명을 주고 내쫓지 않을 것이다"라고 말씀하신다.

주님은 "너희가 내 양이 아니므로 믿지 아니하는도다"라고 하셨다. "너희가 믿지 아니하므로 내 양이 아니다"라고 말씀하지 않으셨다. 우리가 그것을 바꾸는 이유는 우리 조상들의 하나님의 통치와 위엄을 직시하기가 두렵기 때문이다. 그래서 우리는 "당신이 하나님의 양이 아닌 이유는 믿지 않기 때문이다"라고 말한다. 그러나 주님은 "너희가 믿지 않는 이유는 내 양이 아니기 때문이다! 내가 너희를 선택하지 않았다"라고 말씀하셨다.

지금 나는 무서울 정도로 많은 남용이 있었다는 걸 안다. 한 여왕이 이렇게 말했듯 말이다.

"오, 자유여, 너의 이름으로 어떠한 죄들을 범하여 왔는가?"

우리는 이렇게 말할 수 있을 뿐이다.

"존 칼빈, 당신의 이름으로 어떠한 죄들을 범하여 왔는가?"

그럼에도 불구하고 우리는 자기만족에 빠진 죄인들의 오만한 무리다. 우리는 우리가 완전히 준비되면, 하나님이 어떻게 생각하시든 간에 우리가 집으로 돌아갈 것이고, 하나님은 우리를 받아주실 것이며, 달리 어찌하실 수 없을 거라고 생각한다. 하지만 그런 생각에서 벗어나는 게 좋을 것이다.

우리는 복음을 설교할 때 은혜를 값싸게 만들고 하나님을 값싸게 만들며 또 하나님을 우리에게 빚진 자로 만든다. 영원한 형벌 외에 하나님이 우리에게 빚진 것이 뭐가 있겠는가? 영원한 형벌 외에 하나님이 옛 캔터베리 대주교나 교황에게 빚진 것이 뭐가 있겠는가? 우리는 죄를 범했다! 또한 하나님의 영광을 가렸고, 타락한 무리와 검은 박쥐들과 꿈틀거리는 뱀들과 함께 어울렸다. 또한 우리가 구원을 받는다 해도, 그것은 왕 되신 하나님이 우리를 찾기 위해 자신을 낮추셨기 때문이다.

주님은 그럴 필요가 없으셨다. 왜냐하면 하나님은 두려워하지 않으셨기 때문이다. 우리는 성급히 하나님을 변호한다. 나는 하나님을 변호하는 글을 한 줄도 쓰지 않을 것이다. 기드온이 제단을 허물자 어떤 사람이 말했다.

"기드온을 죽여라! 그가 바알의 제단을 허물었다."

그러자 기드온의 아버지는 이렇게 말했다.

"만약 바알이 신이라면 왜 자신을 돌보지 않겠느냐? 너희가 달려나가 그를 방어해야 하느냐? 바알이 스스로 변론하게 하라. 바알이 자기 주장대로 정말 신이라면 그가 내 아들을 벌하게 하라. 나는 그를 변호하지 않을 것이다."

내가 변호해야 하는 신은 나를 데리고 어두운 강을 건널 수 없다. 그는 지옥의 자석 같은 힘으로부터 내 영혼을 구해줄 수 없다. 내가 변호해야 하는 신은 나를 마귀로부터 구원해줄 수 없다. 그러나 나의 하나님은 나의 변론이 필요치 않으시다. 그분은 영광의 주님이시다. 강하고 위대한 분이시다. 그리고 그분은 자신을 낮추셨다.

주님이 온유해지신 것은 그분이 왕이셨기 때문이다. 당신은 죽어야 마땅한 존재이지만, 당신을 주께 부르기 위해 그분이 죽으셨다. 얼마나 놀랍고 은혜로운 하나님이신가!

* "Worship the Lord of Glory and Meekness."
  1957년 10월 6일, 시카고 사우스웨스트 얼라이언스 교회에서 한 설교.

CHAPTER 08

진정한 예배는
감정을 포함한다

나는 오직 주의 사랑을 의지하였사오니
나의 마음은 주의 구원을 기뻐하리이다
내가 여호와를 찬송하리니
이는 주께서 내게 은덕을 베푸심이로다 시 13:5,6

예수님이 지체하신다면, 인도네시아 이리안자야의 원시적인 발리엠 계곡에 있는 교회들처럼 놀라운 새 교회들이 캐나다와 미국으로 복음 선교사들을 파송하기까지 얼마나 더 걸릴 거라고 생각하는가? 이런 생각이 당신을 언짢게 한다면, 당신은 반드시이 장을 읽어야 한다.

내가 미래의 어느 시점에 이것이 가능하다고 말하는 데는 이유가 있다. 시카고에서 매우 진지한 그리스도인 형제를 소개받았는데, 인도 원주민 출신인 그의 삶 속에는 하나님의 은혜에 대한 감동적이고 감사가 넘치는 간증이 있었다. 나는 당연히 그에게 그의 교회 배경에 대해 물었다. 그는 오순절파가 아니었다. 성공회교도나 침례교인도 아니었다. 장로교인도 감리교인도 아니었다. 그는 우리가 말하는 '초교파'가 무엇을 뜻하는지도 몰랐다. 그는 단지 그리스도 안에서 형제였다.

이 인도인은 힌두교 집안에 태어났으나, 우리 주님의 죽음과 부활에 대한 신약성경의 기록을 읽고 진지하게 연구하다가 회심하고 예수님의 제자가 되었다. 그는 그리스도인으로서 세상과 교회에 대한 관심을 표현할 수 있을 만큼 영어를 잘 했다. 나는 그에게 우리 교회에서 말씀을 전해달라고 부탁했다.

그 만남을 통해 나는 우리가 영적으로 깨어나지 않는다면, 진정한 사랑과 찬양과 경배로 돌아가지 않는다면, 우리의 촛대가 옮겨질 수 있다는 걸 깨달았다. 정말로 우리에게 와줄 선교사들이 필요하게 될지도 모른다. 그들이 우리에게 진실하고 살아 있는 기독교가 무엇인지를 보여주어야 할지도 모른다!

우리에게 감정을 주신 하나님

우리는 하나님이 우리를 즐거운 예배자들로 창조하셨으나 죄가 우리를 예배 외의 다른 것들로 끌어들였다는 사실을 잊지 말아야 한다. 그런데 하나님의 사랑과 그리스도 예수 안에 있는 자비로, 우리는 새로운 탄생의 기적을 통해 다시 하나님과의 교제를 회복하게 되었다. 하나님은 우리에게 말씀해주신다.

"너는 죄 사함을 받고 회복되었다. 나는 너를 창조하고 구속한 너의 주이며, 너의 예배를 기쁘게 받는다."

나는 당신이 어떤 느낌을 갖는지 모르지만, 전심으로 하나님께 응답해야 한다고 느낀다. 나는 예배자로 여김을 받는 것이 행복하다.

여기서 '느낌'이라는 단어가 슬그머니 등장하니, 거부감이 일었을지도 모르겠다. 실제로 나에게 '감정'이 그들의 영적인 삶과 경험에 관여하도록 절대 허용하지 않을 거라고 말하는 사람들도 있었다. 그럼 나는 "참 안타깝군요!"라고 대답한다.

나는 참된 예배라고 믿는 것의 실제적인 정의를 말했을 뿐이다. 즉 예배는 마음속에서 느끼는 것이다! 그리스도인의 신앙에 있어, 우리는 '느낌'이라는 단어를 담대하고 거침없이 사용할 수 있어야 한다. 우리가 '감정 없는 사람들'이라는 말을 듣는다면, 그리스도의 교회로서 그보다 더 나쁜 말이 뭐가 있겠는가?

예배는 언제나 내적인 태도에서 비롯되어야 한다. 그것은 정신적, 영적, 감정적인 것을 포함하여 여러 요소들을 구현한다. 때로는 예배를 드릴 때 다른 때와 똑같이 놀라움과 사랑을 느끼지 않을 수도 있다. 그러나 당신이 하나님을 예배하고 있다면 그 자세와 마음의 상태는 언제나 변함이 없어야 한다.

남편이자 아버지로 사는 사람들은 낙담이 되거나 장시간 일을 해서 피곤할 때, 또는 어떤 사건 때문에 우울할 때 이전과 똑같은 강도로 가족을 사랑하고 소중히 여기는 것처럼 보이지 않을 수도 있다. 그럴 때는 가족을 향한 사랑을 많이 드러내지 못할지도 모른다. 그럼에도 불구하고 그에게는 사랑이 있다. 그것은 단지 감정만이 아니기 때문이다. 그것은 태도와 마음의 상태이다. 강도와 완전함의 정도는 다 달라도, 그것은 일관된 행동이다.

나는 내가 죄 사함을 받았다는 것을 알고, 기쁨으로 하나님의 나라에 들어왔다. 나는 그리스도께 회심할 때 함께 오는 감정적인 삶에 대해 어느 정도 알고 있다. 그러나 그리스도인들과 교제를 나눈 지 얼마 안 됐을 때는 나에게 '감정'의 위험에 대해 경고하는 사람들이 있었다. 그들은 야곱의 팔을 만져보고 '느낌상'에서의 팔이라고 생각했던 이삭의 예를 들었다. 그와 같이 자신의 느낌을 따르는 사람은 잘못된 판단을 했다는 것이다! 그것은 흥미롭게 들리지만, 기독교 교리의 기반으로 삼을 만한 것은 아니다.

복음서에서 열두 해 동안 혈루병을 앓았고 여러 의사에게 보이며 고생을 했던 여자를 생각해보라. 마가는 그녀가 예수님에 대해 들었을 때 인파 속으로 들어와 단지 예수님의 옷자락을 만졌다고 기록한다. 바로 그 순간 "그의 혈루 근원이 곧 마르매 병이 나은 줄을 몸에 깨달으니라"(막 5:29)라고 했다. 구세주에 의해 자기 몸속에 어떤 일이 일어난 것을 알고 그녀는 "와서 그 앞에 엎드려 모든 사실을 여쭈"었다(막 5:33). 그녀의 증언은 예배와 찬양 속에서 이루어졌다. 그녀는 병이 나았다는 것을 몸 안에서 느꼈다.

마음의 표현으로 드려지는 예배

우리 중에 내면에서 복을 받은 자들은 "당신의 감정을 따르라"라는 운동에 동참하지 않을 것이다. 그렇지만 우리 마음속에 아무런 느낌이 없다면 우리는 죽은 것이다! 당신이 아침에 깨었을 때 오른팔에 아무 감각이 없다면 곧바로 당신의 멀쩡한 왼손으로 의사에게 전화를 걸 것이다.

진정한 예배는 다른 무엇보다, 우리 주 하나님에 대한 느낌이다. 그것은 우리 마음속에 있다. 또한 우리는 적절한 방법으로 그것을 기꺼이 표현해야 한다. 우리는 여러 가지 방법으로 하나님에 대한 예배를 표현할 수 있다. 그러나 우리가 주님을 사랑하고 성령의 인도를 받고 있다면, 우리의 예배는 늘 즐거운 감탄과 경외심과 진심에서 우러나는 겸손을 일으킬 것이다.

교만하고 도도한 사람은 교만한 마귀보다 더 하나님께 합당한 예배를 드릴 수 없다. 영과 진리로 하나님을 예배하는 사람의 마음속에는 겸손이 있어야 한다.

많은 현대인들이 예배에 대해 생각하는 방식이 나를 불편하게 한다. 참된 예배가 조작될 수 있을까? 교회들이 목사를 '영적 기술자'(spiritual engineer)라고 부를 때가 올 것을 예견하는가? 나는 '인간 기술자들'(human engineers)이라고 불리는 정신과 의사들에 대해 들었다. 물론 그들은 우리의 뇌에 관심이 있다. 우리는 너무 많은 것들을 공학이나 과학적 또는 심리학적 용어들로 축소시켜 왔기 때문에 '영적인 기술자들'이 나오는 것도 가능한 일이다. 그러나 이것은 결코 성경에 예배자들이 묘사되는 곳마다 등장하는 놀라움을 대신하지 못할 것이다.

우리는 사도행전에서 영적인 놀람과 경탄을 많이 발견한다. 성령님이 신자들을 이끄실 때 이런 요소들이 나타나는 것을 늘 발견할 것이다. 반면에, 성령님이 나타나지 않으실 때는 사람들 사이에서 깜짝 놀라는 경이감을 발견하지 못할 것이다.

엔지니어들은 그들의 분야에서 많은 훌륭한 일들을 할 수 있지만, 단지 인간의 힘이나 연출로는 사람들 사이에 하나님의 신비로운 일들을 일으킬 수 없다. 놀라움이 없고, 신비로운 경험이 없다면, 예배를 드리려는 우리의 노력은 헛될 것이다. 성령님이 없으면 예배도 없을 것이다. 하나님이 우리의 인간적인 수단으로 이해하고 파악할 수 있는 분이라면 나는 그분을 예배할 수 없다.

한 가지는 확실하다. 내 생각 속에서 판독하고 이해할 수 있는 존재에게 무릎을 꿇고 "거룩하다, 거룩하다, 거룩하다"라고 말하지는 않을 거라는 사실이다. 내가 설명할 수 있는 것은 결코 나에게 경외감을 일으키지 않을 것이다. 그것은 놀라움이나 경이감이나 감탄으로 나를 채우지 못할 것이다.

하나님을 경배하라

철학자들은 하나님의 인격에 대한 고대의 신비를 '신비 난제'(mysterium conundrum)라고 불렀다. 하나님의 자녀들인 우리는 믿음으로 그분을 "하늘에 계신 우리 아버지"라고 부른다. 예배 속에 생명과 축복과 놀라움이 있는 교회에는 또한 거룩한 신비에 대한 감각이 있다. 바울은 우리를 위해 그것을 "너희 안에 계신 그리스도시니 곧 영광의 소망이니라"(골 1:27)라고 말해주었다.

그러면 하나님의 성령의 새롭고 중요한 사역이 부흥을 일으킬 때 그리스도의 교회 안에는 무슨 일이 일어나는가? 내가 연구하고 관찰한 바에 의하면, 대개 부흥의 결과로 갑자기 예배의 영이 임한다. 이것은 기술이나 조작의 결과가 아니다. 하나님이 그분을 갈망하고 갈급해 하는 사람들에게 부여해주시는 것이다. 영적 회복과 함께 예배를 사랑하는 복된 영이 임할 것이다.

이 신자들은 하나님을 고귀하게 바라보기 때문에 기쁘게 예배를 드린다. 어떤 그룹의 하나님은 축소되고 약화되고 조정되고 편집되고 변화되고 수정되어, 더 이상 이사야가 본 높은 곳에 계신 하나님이 아니다. 많은 사람들의 마음속에서 하나님이 축소되었기 때문에 그동안 품어왔던 하나님의 성품에 대한 무한한 확신이 이제는 없다. 그분은 우리가 의심 없이, 두려움 없이 다가갈 수 있는 하나님이시다.

우리는 하나님이 우리를 속이거나 기만하지 않으시리라는 것을 잘 안다. 그분은 약속을 어기시거나 마음을 바꾸시지 않을 것이다. 우리는 절대적인 확신을 가지고 그분의 임재 안으로 들어갈 수 있을 만큼 깨달아야 한다. 우리의 마음속에는 이 약속이 있다.

"사람은 다 거짓되되 오직 하나님은 참되시다"(롬 3:4).

온 세계의 하나님은 잘못을 하실 수 없다! 그분은 구조를 받을 필요가 없으시다. 구조가 필요한 것은 하나님에 대한 인간의 부적절한 개념이다. 감사하게도, 하나님이 우리를 그분의 형상으로 만드실 때 우리에게 그분의 속성들을 이해하고 찬양할 수 있는 능력을 주셨다.

당대의 위대한 성경 교사였던 조지 왓슨(George D. Watson) 박사가 인간은 하나님에 대해 두 종류의 사랑을 할 수 있다고 지적하는 걸 들었다. 그것은 감사하는 사랑과 탁월함에 대한 사랑이다. 그는 우리가 감사함에서 더 나아가, 단지 그분이 하나님이시기 때문에, 또한 그분의 인격의 탁월함 때문에 하나님을 사랑하게 되어야 한다고 촉구한다. 불행히도 하나님의 자녀들은 감사의 한계선을 좀처럼 벗어나지 못한다. 누군가 하나님의 영원한 탁월하심으로 인해 하나님을 찬양하는 고매한 기도를 드리는 것을 거의 듣지 못한다.

우리 중 많은 이들은 엄밀히 말해 '산타클로스' 그리스도인들이다. 하나님을 생각하면 크리스마스 트리를 세우고 그 아래 우리의 선물을 두는 것을 떠올린다. 그것은 아주 기초적인 사랑에 불과하다. 우리는 더 나아가야 한다. 다시는 뛰쳐나가고 싶은 생각이 들지 않으며 하나님의 임재 안에서 예배드리는 축복을 알아야 한다. 완전하고 무한히 탁월하신 분의 임재를 기뻐해야 한다. 그런 예배는 매혹, 높은 도덕적 흥분의 요소를 가질 것이다.

분명히 성경에 나오는 어떤 인물들은 하나님과의 교제 속에서 이러한 매혹을 느꼈다. 성자 예수님을 알고 사랑하고 섬기려면, 성령께서 우리 인간의 삶을 비추어주셔야만 한다. 그때 그 사람은 하나님의 임재에 사로잡히고 도취될 것이다. 바로 그것이 인간으로 하여금 이렇게 부르짖게 만든다.

오 예수, 예수, 사랑하는 주님!

그 사랑 때문에 주의 거룩한 이름을

하루에 천 번 불러도

절 용서해주소서

오, 내 마음속에 타오르는 사랑
밤낮으로 뜨겁게 타오르네
세상의 사랑이 남김없이
다 타서 없어질 때까지

그런 표현들은 예배하는 프레더릭 페이버(Frederick Faber)의 마음에서 나왔다. 그는 사랑하는 하나님과 구세주의 임재와 교제 안에서 경험한 모든 것에 완전히 매료되었다. 분명 그는 강렬한 영적 흥분으로 가득했다. 그는 우리가 '우리 하나님'이라 부르는 존재의 상상도 할 수 없는 크기와 도덕적 탁월함에 대한 경이로움에 사로잡혔다. 그렇게 하나님께 매혹되려면 반드시 경배의 요소가 있어야 한다.

당신은 이 맥락에서 나에게 '경배의 정의'가 무엇인지 물을지 모른다. 나는 우리가 하나님을 경배할 때 모든 예배의 아름다운 요소들이 성령의 불과 눈부시게 밝은 빛으로 전해진다고 말하겠다. 하나님을 경배한다는 것은 우리 안에 있는 모든 힘으로 그분을 사랑한다는 것을 의미한다. 우리는 두려움과 경이로움과 갈망과 경외심으로 그분을 사랑한다.

"네 마음을 다하고 목숨을 다하고 뜻을 다하여 주 너의 하나님을 사랑하라"(마 22:37)라는 권고는 오직 한 가지를 의미할 수 있다. 그것은 하나님을 경배한다는 뜻이다. 내가 '경배하다' 라는 단어를 아껴 사용하는 이유는 그것이 귀한 단어이기 때문 이다. 나는 아기들을 사랑하고, 사람들을 사랑하지만, 그들을 경배한다고 말할 순 없다. 경배는 그것을 받을 자격이 있는 분 을 위해서만 아껴둔다. 다른 존재 앞에서는 경외심과 놀라움과 갈망으로 무릎을 꿇고 "내 꺼야, 내 꺼야!"라고 외치는 소유욕 을 느낄 수 없다.

사랑하는 '나'의 하나님

찬송가마다 표현은 바뀔 수 있지만, 사람들은 예배에 빠져 있을 때마다 "하나님이여 주는 나의 하나님이시라 내가 간절히 주를 찾되"(시 63:1)라고 부르짖을 것이다. 예배는 하나님과 예배자 사이의 완전히 개인적인 사랑의 경험이 된다. 다윗과 이사야, 바 울에게 그러했다. 하나님을 소유하기만 갈망해온 모든 사람에 게 그러했다. 이것은 반가운 진리다. 하나님이 '나의 하나님'이 시라는 것이다.

당신이 '하나님과 나'라고 말할 수 있을 때까지는 어떤 의미 로든 '우리'라고 말할 수 없다. 영혼의 고독 속에서, 마치 세상에 다른 사람은 아무도 없고 당신과 하나님만 있는 것처럼 하나님 을 만날 수 있을 때까지는 세상에서 다른 사람들을 사랑한다는 것이 무엇인지 결코 알지 못할 것이다.

성 안느에 대한 글을 쓴 사람들은 "그녀는 마치 하나님 외에 아무도 없는 것처럼, 또 하나님께는 그녀 외에 다른 자녀들이 없는 것처럼 하나님과 대화한다"라고 했다. 그것은 이기적인 특성이 아니었다. 그녀는 자신의 개인적인 헌신과 경배를 하나님의 발 앞에 쏟아놓는 것의 가치와 기쁨을 발견했다.

하나님을 만난 사람에게는 성별(聖別)이 어렵지 않다. 진정한 경배와 심취가 있는 곳에서, 하나님의 자녀들은 오직 자신의 사랑을 구세주의 발 앞에 쏟아부을 기회만을 바랄 뿐이다.

어느 청년이 나에게 자신의 영적 생활에 대해 이야기했다. 그는 몇 년 동안 그리스도인으로 지내 왔으나 자신의 삶에 대한 하나님의 뜻을 이루지 못하고 있는 것 같아 염려하고 있었다. 그는 마음의 냉담함과 영적인 능력의 결핍에 대해 이야기했다. 나는 그가 낙심해 있고 마음이 굳는 것을 두려워하고 있다는 걸 알 수 있었다. 나는 그에게 도움이 될 만한 글, 성 베르나르의 글에서 가져온 표현을 들려주었다.

"내 형제여, 마음이 굳은 것을 모를 때에만 마음이 굳은 것입니다. 자신이 냉담하다는 것을 모르는 사람만이 냉담한 것입니다. 우리가 우리의 냉담함에 대해 걱정할 때는 하나님에 대한 갈망이 마음속에 있기 때문입니다. 하나님은 우리를 버리지 않으십니다."

하나님은 우리의 마음속에 갈망과 열망을 주시고, 우리를 외면하고 조롱하지 않으신다. 하나님은 우리에게 회개와 사랑 안에서 그분의 얼굴을 구하라고 하시며, 우리는 그럴 때 그분의 은혜로운 충만함을 발견하게 된다. 하나님의 은혜 안에서, 그것은 온 세상을 위한 약속이다. 우리 가운데 필요한 것은 진실로 성령이 찾아오시는 것이다. 하나님의 사람들 가운데 예배의 영이 갑자기 임해야만 한다.

* *Whatever Happened to Worship: A Call to True Worship*. Christian Publications, 1985; WingSpread, 2012 재출간.

CHAPTER 09

스랍처럼 예배하라

여호와여 주의 분노로 나를 책망하지 마시오며

주의 진노로 나를 징계하지 마옵소서

여호와여 내가 수척하였사오니 내게 은혜를 베푸소서

여호와여 나의 뼈가 떨리오니 나를 고치소서 나의 영혼도 매우 떨리나이다

여호와여 어느 때까지니이까 사 6:1-3

이제 우리에게 열린 창으로 우리가 거주하는 세상과 다른 세상을 들여다보자. 우리는 편안하고 평범하며 별로 흥미로울 것이 없는 이 세상에 매우 익숙해져서, 이 세상에 영향을 주는 또 다른 세계가 있다는 사실을 잊어버리거나, 잊어버리기 쉽다. 우리는 성경의 여러 곳에서 그 세계를 보게 되며, 그 세계가 존재한다는 것을 알고 인정할 수밖에 없다.

지금 세상에 닥친 재앙들 중에서 최악은 틀림없이 인간의 영을

이 세상과 세상의 길들을 내어준 것이다. 그것은 물질적인 것들, 일시적인 것들, 잠깐 있다가 사라지는 것들의 폭정이다. 어떤 군주도 인류를 지배하는 보이는 것들, 들리는 것들, 만져지는 것들보다 더 잔인한 폭압으로 움츠린 국민들을 지배한 적이 없었다. 이것은 모든 것 중에 가장 나쁜 재앙이다.

이제는 다른 세계의 현실이 때때로 나타난다. 나는 이것을 믿는다. 내가 이 말을 반복하는 이유는 그렇게 함으로써 내가 진리를 말할 뿐만 아니라 당신과 매우 가까워지고 있고, 혹은 그들이 어디에 있든 내 말을 듣는 자들과 매우 가까워지고 있다고 생각하기 때문이다. 우리의 세계와 가까이 있고 실제로 존재하는 이 보이지 않는 세계, 영들의 세계, 하나님과 천사들과 스랍들과 그룹들의 세계, 이 세계의 현실이 종종 우리에게 다가온다.

다른 세상이 있다

현대의 모든 소음과 혼란 속에서도 우리는 여전히 홀로 그 다른 세계를 느낄 때가 있다. 우리는 그것을 느낀다. 그것이 존재한다는 것을 안다. 어쩌면 그런 느낌을 갖는 것이 잠깐뿐일지도 모른다. 아주 잠깐 동안만 그것이 우리에게 다가올 것이다. 그러나 그런 시간들이 온다! 인간은 하나님의 형상으로 지음 받았고, 천상의 세계를 떠나 유성처럼 떨어져 여기 세상에 있는 타락한 별, 타락한 존재이다. 그는 단지 자기가 떠나온 곳을 잊었을 뿐이다. 그러나 가끔씩 그 현실이 우리에게 밀려온다.

하지만 마귀는 좀처럼 우리가 홀로 있게 하지 않는다. 사람이 정말 홀로 있게 되면 때로 이게 아니라는 걸 느낀다. 그는 모든 것을 둘러보지만, 이건 아니다. 그는 자신에게 이렇게 말한다.

"지금 나는 삶이 마음에 들고, 다 괜찮고, 나름 좋은 점들이 있다. 그것을 찬성하는 주장들도 많이 있다. 하지만 내 안에 있는 무언가가 이건 아니라고 말한다. 그냥 아니다. 뭔가 다른 것이 있다."

우리는 눈물로 작별을 고한 사랑하는 사람의 무덤 앞에 서 있다. 그리고 우린 이게 아니라는 걸 안다. 우리가 보는 세상과 다른 세상이 있다는 걸 안다. 우리는 잠깐 동안, 보이지 않는 세상을 본다. 그 세계의 실체가 우리에게 밀려들어온다.

대부분의 사람들은 퉁명스럽게 무시해버리고 그것에 대해 아예 생각하지 않으려 한다. 그러나 이러다 언젠가, 다른 세계의 실체가 우리 모두의 눈앞에 생생하게 펼쳐질 것이다. 무서울 정도로 갑작스러운 단절이 일어날 때가 올 것이다. 그때 우리가 옳든 그르든, 우리가 그 나라 안에 있든 밖에 있든 간에, 그것이 더 이상 믿음이 아니라는 것과 그것이 현실이라는 것, 눈으로 볼 수 있고 만질 수 있고 귀로 들을 수 있는 실체라는 것을 알게 될 것이다. 우리가 사는 세상 외에 다른 세상이 있다는 걸 알게 될 것이다.

하나님을 찬송하는 자들

그리스도인은 자신을 하나님께 헌신하고, 다른 세계에 거주하는 사람이다. 그것이 바로 우리가 그 이름으로 불리는 이유이다. 우리는 '찬송하는 자들'로 불린다. 나는 찬송하는 자로 불리는 것보다 더 좋은 것을 모른다! 나는 시편 찬송을 안다. 그저 노래할 수만 있다면 나는 득의양양하여 가장 행복하게 길을 걸어갈 것이고, 사람들은 입을 가리고 쑥덕거리며 "저 머리 벗겨진 늙은이가 찬송을 부르며 간다"라고 말할 것이다. 나는 그것이 사랑스러운 일이라고 생각한다. '찬송하는 자'라고 불리는 것보다 더 좋은 것을 나는 생각해낼 수 없다.

언젠가 서점에서 책 한 권을 뽑아 들었는데, 책 제목은 기억나지 않지만 거기서 판매하는 수많은 시집 중 한 권이었다. 시어도어 루즈벨트 가문에 속한 두 사람이 편찬한 책이었다. 나는 거기 앉아서 대충 넘겨보며 몇 편의 시를 읽었다. 어떤 것은 기억이 났고, 어떤 것은 전에 본 적이 없는 것이었다. 그 시들은 감동적이었다. 좋은 시였고, 이런 저런 것에 관한 내용이었다. 나는 잠깐 동안 읽으면서 생각했다.

'그는 참 훌륭해. 이 시는 너무 좋군. 표현이 정말 좋아. 정말 옳은 말이야.'

그러고는 책을 내려놓고 오래된 찬송가책을 집어 들어 읽기 시작했다. 왓슨과 몽고메리, 웨슬리, 그 외 여러 사람의 찬송가

가사를 읽으며 생각했다.

'오, 세상에, 그들에게는 그게 없었어. 처음에 본 작은 시집에 실린 글들도 다 좋았지만, 그게 없었어. 바로 이거야.'

웨슬리가 그의 입을 열어 성경의 한 구절을 네 줄의 운문으로 압축시킨 것이 바로 그것이다! 아이작 왓츠가 앉아서 하늘나라의 문을 열어주며 여섯 줄 안에서 우리에게 하나님과 천사들과 거룩한 영과 구속과 어린 양의 피와 구원을 보여준 것이 바로 그것이다.

나는 이렇게 생각했다.

'다른 이들은 그저 사색하는 자들이다. 그들은 주변을 배회한다. 그들은 그저 나비들이다.'

그러나 시편 저자들과 찬송가 작사가들은 그것을 갖고 있었다. 그들은 다른 세계와 접촉하고 있었다. 그들은 견고하고 영원한 세계와 맞물려 있었다.

이사야는 그 세계를 보았고, 웃시야 왕이 죽던 해에 이 환상을 보았다고 했다. 그는 이 글을 여러 해 뒤에 썼을 것이다. 그러나 웃시야 왕이 죽던 해였다는 사실로 그것을 기억해냈다. 그가 말한 '스랍들', 이 신기하고 여섯 날개를 가진 피조물들의 예배를 생각해보자.

나는 왜 그들에게 날개가 있었는지 모른다. 왜 그들에게 정확히 여섯 개의 날개가 필요했는지 모른다. 내가 모르는 것들이 너무 많다. 나이가 들수록 더 모르겠다. 그러나 확실히 알게 된 것도 있다. 그것은 너무나 놀라운 사실이다. 당신도 몇 가지는 확실히 알 것이다. 나는 스랍들이 있다는 것과 다른 세계가 존재한다는 것을 안다. 그리고 그곳이 영들의 세계라는 것, 우리 하나님과 그분의 아들과 성령의 세계, 그리스도인들이 거듭 날 때 태어나는 세계라는 것을 안다.

세대주의자들과 신학적 보풀을 골라내는 자들이 이것을 놓고 마음대로 싸우게 하라. 나는 나 자신에게 하나님의 나라는 왕이신 하나님이 다스리시는 영적 세계이며 사람들이 거듭 날 때 태어나는 곳이라고 말할 수 있어 기쁘다.

당신은 그 모든 것을 분리하고 나누고 다시 세분하고 헬라어 동사에 덧붙일 수 있다. 그런데 당신이 아무리 그래도 나는 여전히 내가 믿는 것을 믿을 것이다. 즉 하나님의 나라는 거룩한 영의 영역이며, 사람들이 거듭 날 때 태어나는 곳이라는 것이다.

자신의 존재로 예배하다

이 피조물들은 그들의 존재로 하나님을 예배한다. 그들은 거기에 있었다. 다른 곳에 있을 수도 있었으나, 우리가 여기서 그들을 발견하는 것처럼 그들은 하나님을 예배하고 있었다. 그리고 형제들이여, 당신은 하나님이 계신 곳에 있음으로써 하나님을 예배한다.

자신이 모든 힘을 갖고 있다고 믿는 개인주의자들이 있다. 개인주의자들의 힘은 매우 약하나, 그들은 이렇게 말한다.

"나는 교회에 가지 않는다. 교회가 꼭 필요하다고 생각하지 않는다. 나는 하나님의 사람들과 어울리지 않는다. 그것이 필요하다는 생각이 전혀 들지 않는다. 우리는 조용한 곳으로 들어가야 한다고 생각하며, 주일 아침에 조금 걸어 다니는 것만으로도 충분하다고 본다."

스룹들도 그렇게 말할 수 있었지만 그렇지 않았다. 그들은 예배가 있는 곳으로 갔다. 그리고 그들의 존재로 하나님을 예배했다. 지금은 교회 주변을 맴돌며 "교회에 가고 싶지 않으면 가지 마세요! 기도 모임에 가고 싶지 않으면 가지 마세요!"라고 말하는 사람들까지 있다. 그들이 원한다면 그렇게 말할 자유가 있다. 하지만 그들은 아직 육신을 입고 이 땅에 있다! 그들의 자유는 보좌 앞에 있는 영들의 순수한 자유가 아니다. 그것은 반만 회심한 사람들이 가진 육적인 면허증이다.

당신은 어디든 하나님이 계시는 곳에 있기 원한다. 그리고 하나님의 사람들이 있는 곳에 있기 원한다. 따라서 진실한 그리스도인은 흥미를 갖고 하나님을 예배하며 자신의 존재로 하나님을 예배하고 그 자리에 있다.

섬김으로 예배하다

나는 그들이 섬김으로 하나님을 예배하는 것을 본다. 그들에겐 발과 날개와 손이 있었고, 하나님께 그들의 발과 날개와 손을 내어드렸다. 하나님은 그 모든 것을 가지셨다. 그들은 자기가 편할 때 하나님을 섬기지 않았다. 그러나 많은 사람들이 그렇게 한다. 그들은 자유롭게 하나님을 섬기고 있었고 그 일을 할 필요가 없었다. 그러나 실제로 그들에겐 단지 세 가지가 있었다. 즉 그들의 발과 날개와 손이 있었고, 그들은 이것들을 기쁘게 하나님께 드렸다. 그리고 이렇게 말했다.

"저의 발을 받으셔서 주께서 원하시는 대로 사용하소서. 저의 손과 발을, 저의 은과 금을 받으소서. 모든 것을 받으소서."

그래서 하나님은 모든 것을 받으셨다.

당신도 알다시피 하나님이 당신의 발과 손과 날개를 취하신다면 거의 당신을 취하신 것이다. 당신의 발은 당신이 갈 곳을 결정하고, 당신의 손은 당신이 할 일을 결정하기 때문이며, 당신의 날개에 대해서는 아직 잘 모르겠다. 그것에 대해선 배우지 않았기 때문에 그것이 뭘 의미하는지 모른다. 그러나 당신이 학교에서 유형론 수업을 듣는다면, 그것이 무엇을 의미하는지 알 것이다. 하지만, 그것을 모를지라도 하나님이 당신의 발을 취하실 수 있다면, 당신은 잘못된 곳으로 가지 않을 것이다. 만일 하나님이 당신의 손을 취하실 수 있다면 당신은 잘못된 일들을 하지 않을 것이다. 그러면 된다.

얼마 전 헤럴드 룬드퀴스트(Harold Lundquist) 박사와 필 루오(Phil Luo) 형제와 함께 무디성경학교(Moody Bible Institute)에서 사진을 찍었다. 우리가 함께 앉으니 가운데는 커다란 사람이 있고 양 옆에는 보통 체구의 두 남자가 앉게 되었다. 나는 아래를 내려다보며 말했다.

"룬드퀴스트 형제, 이렇게 큰 가죽 더미가 한 곳에 모여 있는 건 평생 처음 본 것 같네."

바로 세 명의 발을 보고 한 소리였다. 룬드퀴스트의 발은 14인치는 되었고, 내 발이 10.5인치, 루오의 발도 확실히 여자 신발 사이즈는 아니었다. 나는 하나님께서 그 발들을 갖고 계신다고 믿는다. 하나님은 그 세 쌍의 발을 갖고 계신다. 그 발들은 크고 확실히 그리 잘 생기진 않았지만 하나님께서 그 세 쌍의 발을 갖고 계셨다고 믿는다. 또한 하나님이 당신의 발을 취하실 수 있다면 당신은 올바른 곳으로 가고 있는 것이다. 하나님이 당신의 손을 취하실 수 있다면 당신은 옳은 일들을 하고 있는 것이다!

그러나 당신은 "그것이 예배와 무슨 상관이 있습니까?"라고 말한다. 그것은 당신이 노래하고 기도하는 것만이 아니라 당신이 가는 곳과 행하는 일에 의해 하나님을 예배하기 때문이다. 예배는 기도 이상이며, 기도를 포함한다. 예배는 찬송 이상이며,

찬송을 포함한다. 그러나 예배는 또한 삶이다.

성경에서 우리는 예배가 노래하는 것만이 아니라 행동과 삶과 걸음이며 일하는 것, 가는 것, 섬기는 것임을 알게 된다. 그래서 우리는 옳은 길을 감으로써 우리의 발로 하나님을 예배할 수 있다. 옳은 일을 행함으로써 우리의 손으로 하나님을 예배할 수 있다. 또 우리에게 날개가 있다면 올바른 방향으로 날아감으로써 하나님을 예배할 수 있다.

소리 내어 예배하다

여기서 그들은 또한 목소리를 갖고 있었기에 그들의 경배를 말로 증언했다. 그들은 "거룩하다 거룩하다 만군의 여호와여 그의 영광이 온 땅에 충만하도다"(사 6:3)라고 말했다. 형제여, 침묵하는 그리스도인은 뭔가 문제가 있다는 것이 내 생각이다.

당신은 '조울증'이라는 이상 심리가 있다는 걸 알 것이다. 그런 상태일 때 사람들은 침묵하게 된다. 그들은 그저 입을 닫고 있을 뿐이다. 당신은 말을 하지 않는다. 그저 조용히 있을 뿐이다. 그들은 자기 자신 안에만 머문다. 그리고 뭔가 문제가 있어도 말을 하려 하지 않는다.

하나님은 그들에게 입을 주셨다. 물론 어떤 사람들이 상상하듯이, 밤낮으로 그 입을 열라고 주신 것은 아니다. 그러나 하나님이 당신의 마음속에서 일으키신 경이로운 일들을 표현하는 데 그 입을 사용하는 것이 하나님의 뜻이다.

우리가 그리스도 안에서 하나님께 나아가 우리 자신을 그분께 드릴 때 가장 먼저 하는 것 중 하나가 "아바, 아버지"라고 말하는 것이다. 나는 침묵하는 그리스도인들과 감춰진 그리스도인들과 비밀 그리스도인들이 있다는 이야기를 들었다. 또 우리가 천국에 가면 거기서 자신이 그리스도인이라고 한 번도 말한 적이 없는 비밀 그리스도인들을 발견하고 깜짝 놀랄 거라는 말도 들었다.

우리는 얼마나 어리석어질 수 있는가? 우리는 마음에 가장 소중히 여기는 것들에 대해 이야기한다. 내 아내는 자기 손주들에 대해 이야기할 것이고, 당신도 당신 마음에 가장 소중한 것에 대해 이야기할 것이다.

카나스타(두 벌의 카드로 두 팀이 하는 카드놀이의 일종) 테이블에 둘러앉아 줄곧 담배를 피워대는 기피자들은 절대 종교 얘기를 꺼내지 않는다. 아마도 누군가가 그들에게 "우린 그것에 대해 이야기해야 합니다!"라고 한다면 다른 사람이 "그냥 너무 성스러워서 언급할 수 없는 것들이 있습니다"라고 말할 것이다. 나는 카나스타를 해본 적이 없으나, 그들은 너무 성스러워서 이야기할 수 없는 것들이 있다는 변명을 한다.

그들이 결코 보지 못했고 묘사할 수 없는 것들이 있는데, 그것이 바로 그들의 문제다. 그들이 가본 적이 없고 익숙하지 않은 곳들이 있다. 그것이 그들의 문제다. 이 모든 조용한 종교는 "나는 할 말이 없다. 나는 마음속으로 하나님을 예배한다"라고 말한다. 그러나 당신은 그렇지 않다.

이 스랍들은 자신들의 목소리로 "거룩하다, 거룩하다, 거룩하다"라고 말하며, 성경은 믿음과 표현을 연관 짓는다. 따라서 표현되지 않는 믿음은 성경적인 믿음이 아니다. 우리가 마음으로 믿고 입술로 고백하는 것은 예수 그리스도가 주님이시라는 것이며, 우리는 구원을 받을 것이다.

하나님은 이 스랍들의 음성을 취하셨다. 나는 그것이 어떻게 들렸을지 모른다. 그들은 스랍들로서 음악 같은 목소리를 가졌을 거라고 추측할 수밖에 없다. 하나님은 당신의 음성을 취하셨는가? 이제 당신에게 묻는다. 하나님은 학교에서 당신의 목소리를 취하셨는가? 하나님은 당신이 증언을 하게 만드실 수 있는가? 당신 안에, 하나님에 대해 말하고 싶게 만드는 충동이 있는가? 아니면 입을 꼭 다물고 아무 말도 하지 않는가? 당신은 세상의 방식들에 대해 다 알고 있지만, 그리스도 안에 계신 하나님에 관한 한, 하나님이 당신의 목소리를 취하셨는가? 또한 당신의 학교 친구들에게 주 예수님에 대해 이야기할 수 있는가? 그분에 대해 한 마디라도 할 수 있는가? 당신은 담대히 말하는가? 식사 전에 30초라도 조용히 고개를 숙이는가? 당신의 목소리는 하나님의 것인가?

겸손으로 예배하다

나는 그들의 목소리가 겸손하고 공손했던 것을 본다. 그들은 자기들의 발을 가렸고 얼굴을 가렸기 때문이다. 그들의 얼굴을 가린 이유는 오직 거룩하신 하나님의 임재 때문이었을 거라고 추정한다. 그들은 공손하게 얼굴을 가렸다. 공경은 아름다운 것이며, 우리가 살고 있는 이 끔찍한 시대에는 매우 보기 드문 것이다.

어떤 교회들은 조각상들을 세우고 빛이 통과되는 창문을 달고 바닥에 카펫을 까는 것으로 경건한 분위기를 추가하려 하지만 소용없다. 그것들은 묘한 느낌을 갖게 할 뿐이며, 알다시피 우리 모두는 마치 장례식장 같은 느낌을 받는다. 그러나 죽음을 넘어 잠깐이라도 이사야가 본 하나님의 거룩한 얼굴을 바라본 사람은 다시는 불손해질 수 없다. 그의 영 안에 공경심이 있을 것이다! 또한 자랑하는 대신 그는 겸손히 자기 발을 가릴 것이다.

나는 종교가 있든 없든 간에, 이 세상 여행자들의 99퍼센트, 거의 대부분은 멀리 갔다 집에 돌아올 때 자신의 발을 덮기 바란다. 나는 여기저기 돌아다니다가 집에 와서 선물을 내놓으며 어디에 다녀왔는지 구구절절 이야기하는 놀라운 소년들에게 정말 진저리가 난다.

세인트루이스에서 한 멍청이를 화물차에 태워 오마하로 보내

보라. 거기 도착해서도 그는 여전히 멍청이일 뿐이다. 그를 화물차에 태워 다시 돌려보낸다 해도 그는 여전히 멍청이다. 그러나 우리는 어떤 사람이 전 세계를 돌아다니다 돌아오면 그가 변했을 거라는 잘못된 생각을 갖고 있다! 아니, 그는 변하지 않았다. 단지 좀 더 많은 지형을 밟고 왔을 뿐이다. 평범한 오리도 그렇게 할 수 있다. 오리는 캐나다에서 출발하여 플로리다로 날아가 거기서 땅을 밟고 다닌다. 이듬해 봄에는 다시 돌아온다.

사람들은 돈을 벌고 있고, 속기 쉬운 교회 사람들에게서 얻어낸 녹색 지폐들로 가득한 커다란 양말을 갖고 있다. 그들은 자기들이 갔다 온 곳에 대해 당신에게 말해주고 싶어 했다. 나는 그들이 어디에 갔다 왔는지 모르며 관심도 없다. 내가 알고 싶은 것은 그들이 어디로 가고 있냐는 것이다. 그것이 중요한 것이다. 형제여, 당신은 어디로 가고 있는가?

나는 호텔의 벨보이들에게 공감한다. 어떤 사람이 들어왔는데 여행 가방에 모든 항공사 라벨들이 덕지덕지 붙어 있었다. 그는 전 세계를 돌아다녔던 것이다. 벨보이는 '내가 깨끗하게 만들어주면 그분이 팁을 주시겠지'라고 생각했다. 그래서 그는 그 모든 걸 말끔히 제거했다.

그 사람이 돌아왔을 때 그의 여행 가방은 아주 깨끗했다. 모든 라벨들을 다 제거해버린 것이다. 그는 고객의 명성을 훼손했다. 이제 그가 돌아다녀도 아무도 그가 어디에 다녀왔는지 모른다! 그러나 나는 그가 어디에 다녀왔든 관심이 없다. 멍청이는 독일에 갔다가 돌아와도 여전히 멍청이일 것이기 때문이다!

에이브라함 링컨은 한 번도 나라 밖으로 나간 적이 없었고, 예수님은 팔레스타인을 벗어나신 적이 없었다. 오랫동안 사람들은 나를 어디든 보내주고 경비를 대주려 했고, 나도 얼마든지 갈 수 있었다. 심지어 여분의 음료수도 공짜로 받을 수 있었다. 하나님이 나에게 가라고 하실 때 나는 갈 것이다. 그러나 단지 떠나기 위해 가지는 않을 것이다. 특히 나는 돌아와서 그 얘기를 하느라 다른 사람들의 시간을 빼앗지 않을 것이다.

그들은 자신의 발을 가렸다. 그들에겐 발과 날개가 있었기 때문에 틀림없이 어딘가에 다녀왔을 것이다. 분명 어딘가에 갔을 것이나 그들은 자신의 발을 가려서 어디에 다녀왔는지 사람들이 알지 못하게 했다. 그들은 "제가 어디에 다녀왔는지 보세요! 제가 뭘 보고 왔는지 보세요!"라고 말할 수도 있었다. 그리고 그들은 전능하신 하나님 앞에서 공손히 얼굴을 가렸다. 여기에 위대하신 하나님이 계셨기 때문이다.

뜨거운 사랑으로 예배하다

그들의 예배는 순수하고 자연스러웠으며 자발적이고 열정적이었다. '스랍'이라는 단어는 '불타오르는 자'라는 뜻이다. 당신은 어떠한가? 당신 안에는 얼마나 많은 불이 타고 있는가? 이 피조물들, 다른 세계에 거주하는 이 경이로운 피조물들이 밤낮 하나님의 성전에서 하나님을 예배한다. 그들은 불타는 자들이라 불렀다.

당신은 얼마나 뜨거운가? 예수님은 교회를 향해 "처음 사랑을 버렸느니라"라고 말씀하셨다(계 2:4). 그것은 시간이 아니라 사랑의 정도를 뜻하는 것이다. "너는 예전에 나를 사랑했던 것만큼 뜨겁게 나를 사랑하지 않는다"라고 주님이 말씀하시는 것이다. 이것은 하나님을 슬프게 하며, 개인의 마음속에서 일어나는 퇴보를 나타낸다.

이 불타는 자들은 본보기로 우리 앞에 있다. 그리고 우리는 하나님께 "하늘을 바라보라"라는 명령을 받는다. 그들이 뜨거운 영으로 밤낮 하나님을 섬겼던 그곳을 말이다. 내 마음은 어떠한가?

형제여, 당신에게 묻고 싶다. 당신은 열정적인 그리스도인인가? 뜨겁다고 할 정도로 마음이 따뜻한가? 당신의 영 안에 불이 있는가? 물론 당신은 종교적이며, 자신이 회심했음을 안다. 그러나 당신은 불로 가득한가?

"그는 성령과 불로 너희에게 세례를 베푸실 것이요"(마 3:11).

어떤 사람들은 그것이 전반적인 심판을 의미한다고 말하려 했지만, 성령이 오실 때 불같이 오셔서 그곳에 정착하셔야만 했다. 그것은 우리에게 필요한 불, 내면에서 뜨거워지고 끓어오르는 열정이다.

투열 요법에 대해 이야기해보자. 투열 요법은 열을 침투시키는 것이다. 나는 영적 투열 요법을 믿는다. 나는 줄곧 하나님이 그 영을 뜨겁게 달구기 원하신다고 믿는다. 그리고 우리는 갑자기 하늘과 땅에 하나님의 영광이 가득하다는 사실을 깨닫는다.

한 영국인이 말했다.

당신은 결코 세상을 올바로 즐기지 못합니다. 그것은 하나님의 자연적인 세상이 아니라 죄악된 세상입니다. 당신이 매일 아침 천국에서 잠을 깰 때까지, 당신이 세상을 즐기는 것은 결코 옳지 않습니다. 당신의 아버지의 궁전 안에 있는 당신 자신을 보세요. 하늘, 땅, 공중을 바라보며 천상의 기쁨을 누리세요. 당신이 천사들 가운데 있는 것처럼 모든 것을 경건하게 바라보세요. 남편의 방 안에 있는 왕의 신부는 당신처럼 기뻐할 이유들이 너무도 많습니다.

이 인용문은 토마스 트러헌(Thomas Traherne)의 《수백 년의 묵상》(Centuries of Meditations)에서 찾아볼 수 있다.

형제들이여, 우리는 단지 그리스도인이 되는 것으로 만족해선 안 된다. 우리는 거의 듣기 싫을 때까지 그 용어를 지겹도록 사용해왔다. 당신은 말한다.

"나는 거듭났습니다. 나는 거듭났습니다."

물론, 나는 안다. 당신은 거듭났다. 하나님께 감사하라. 그렇지 않으면 당신은 그 나라를 보지 못할 것이다. 바쁘게 움직이며 성장하고, 발달하고, 잠들기 전까지 세상에서 어떤 일을 하는 것은 태어난 지 하루 된 아기도 하는 일이다. 거듭난 그리스도인의 일은 성령의 충만함 속으로 들어가는 것이다. 즉 손과 발과 날개와 목소리와 두뇌와 존재와 모든 것을 예수 그리스도께 내어드리고 그분의 사랑의 불로 가득해지는 것이다.

우리의 문제는 황홀감의 부재다. 스랍들은 황홀경을 느꼈다. 우리는 어린양을 따르고 왕을 예배하는 자들이라고 주장하지만, 미지근하고 냉담하며 우리의 어조는 낮고 활력이 없다. 하나님이 우리를 위해 무언가를 해주시기 바란다.

* "The Worship of the Seraphim and Our Worship."
  1953년 9월 20일, 시카고 사우스웨스트 얼라이언스 교회에서 한 설교.

CHAPTER 10

한 주간의
모든 날에 예배하라

내가 여호와를 항상 송축함이여
내 입술로 항상 주를 찬양하리이다 시 34:1

당신은 일반적인 복음 교회 안으로 걸어 들어갈 때 조용히 공손하게 머리를 숙이는가? 당신이 아니라고 대답해도 나는 놀라지 않는다. 나는 보통 교회에 들어갈 때 마음이 슬퍼진다. 예배 속에서 성스러운 느낌을 급속히 상실해가는 세대가 되었기 때문이다. 우리가 교회 안에서 키워낸 많은 이들은 더 이상 경건에 대해 생각하지 않는다. 그것은 그들이 그곳에 하나님의 임재가 있음을 의심한다는 걸 보여주는 것 같다.

너무나 많은 교회에서, 당신은 무얼 하든 상관없다는 태도를 발견할 수 있다. 내 생각에 우리 가운데서 하나님에 대한 의식을 상실하는 것은 평가할 수 없을 만큼 너무나 큰 손실이다.

세속을 받아들인 교회

교회가 하나님을 기쁘시게 하는 영적 삶에 대한 갈급함이나 열망보다 훨씬 더 매력 있게 보이는 세상의 세속주의를 점점 더 받아들이는 것에 많은 비난이 가해져야 한다. 우리는 하나님을 세속화하고, 그리스도의 복음을 세속화하며, 예배를 세속화한다.

그런 교회에서는 훌륭하고 영적으로 능력 있는 하나님의 사람이 나오지 않을 것이다. 믿음의 기도와 부흥이 일어나는 위대한 영적 순간이 그런 교회에서는 일어나지 않을 것이다. 하나님이 영광과 존경과 참된 예배를 받으시려면 우리를 다 쓸어버리고 다른 곳에서 새롭게 시작하셔야만 할 것이다.

우리 가운데 참된 예배가 필요하다. 하나님이 정말로 그분이 말씀하신 그런 존재라면, 또한 우리가 하나님을 믿는 사람들이라면, 우리는 하나님을 예배해야 한다. 우리가 하나님의 성령에 의한 위로부터의 거듭남을 통해 개인적, 영적인 경험 속에서 하나님을 만나지 못한다면 참으로 하나님을 사모하는 예배를 기쁨으로 드릴 거라고 믿지 않는다!

우리는 사람들을 설득하여 하나님의 나라에 들어오게 하는, 매우 부드럽고 거의 세속화된 방법들을 가지고 있다. 그래서 만남의 위기를 통해 하나님의 찾으려는 사람들을 더 이상 찾아볼 수 없다. 그들을 교회 안으로 데려올 때 그들은 하나님을 사랑하고 예배하는 것이 무엇을 뜻하는지 모른다. 왜냐하면 우리가 그들을 데려온 과정 속에서 어떤 개인적인 만남이나 개인적인 위기, 회개의 필요성도 없이 오직 용서의 약속이 담긴 성경 구절만 전했기 때문이다.

오, 우리의 예배를 받기에 합당하신 분의 영광을 충분히 나타낼 수 있기를! 우리의 새로운 회심자들, 그리스도 안에서 아기인 자들이 하나님의 수많은 속성들을 알게 되고 부분적으로라도 그분의 존재를 이해할 수 있게 된다면, 지금부터 영원히 하나님을 예배하고 높이고 그분께 감사하고자 하는 간절한 열망에 사로잡힐 거라 믿는다.

나는 낙심한 그리스도인들이 실제로 하나님의 주권을 믿지 않는다는 것을 안다. 그런 경우, 우리는 겸손하게 하나님과 그리스도를 믿고 따르는 자로서 우리의 역할을 다하고 있지 않은 것이다. 그러나 그것이 바로 그리스도 예수께서 우리의 세상에 오신 이유이다.

옛 신학자들은 그것을 그리스도 신인설(theanthropism)이라고 불렀다. 즉 그리스도 안에 신성과 인성이 결합되어 있다는 것이다. 이것은 위대한 신비이며, 나는 경외심을 느끼며 그 앞에 서 있다. 이 불타는 덤불 앞에, 내가 이해하지 못하는 이 신비 앞에서 신발을 벗고 무릎을 꿇는다.

주님을 아는 자가 주님을 예배한다

신인설은 하나님과 인간이 한 인격 안에서 결합되는 신비이다. 두 인격이 아니라, 두 개의 본성이다. 따라서 하나님의 본성과 인간의 본성이 우리 주 예수 그리스도 안에서 결합되는 것이다. 하나님의 모든 것과 인간의 모든 것이 그리스도 안에서 영원히 융합되어 분리될 수 없다.

광야에서 모세가 떨기나무에 불이 붙었으나 타지 않는 것을 보았을 때의 경험을 생각해보라. 모세는 주저 없이 떨기나무 앞에 무릎을 꿇고 하나님을 예배했다. 모세는 떨기나무를 예배하지 않았다. 모세가 예배했던 것은 떨기나무 안에 계신 하나님과 그분의 영광이었다.

이것은 불완전한 예시이다. 불이 떨기나무에서 분리되었을 때 다시 떨기나무로 돌아왔기 때문이다. 그러나 이 인간, 예수 그리스도는 영원히 하나님의 아들이시다. 이 신비의 충만함 속에는 분리가 없었다. 단, 예수님이 "나의 하나님, 나의 하나님, 어찌하여 나를 버리셨나이까?"(마 27:46)라고 부르짖으셨던 그 무시무시한 순간을 제외하고 말이다. 성자께서 우리의 죄와 죄책을 직접 짊어지시고 자신의 죄가 아니라 우리의 죄 때문에 십자가에서 돌아가실 때 잠깐 동안 아버지 하나님이 등을 돌리셨다.

신성과 인성은 결코 분리되지 않았다. 지금까지도 그것은 그 한 분 안에 융합되어 있다. 우리가 그분 앞에 무릎 꿇고 "하나님이여 주의 보좌는 영원하며"(시 45:6)라고 말할 때 하나님과 이야기를 나누고 있는 것이다.

나는 현대에 우리가 광년과 행성과 은하계를 측정하는 훌륭한 망원경과 전자 장비들을 가지고 할 수 있는 것보다 하나님의 선지자들이 미래와 하나님의 신비들을 더 멀리 내다보았다고 생각한다. 선지자들은 여호와 우리 하나님을 보았다. 그들은 아름다우신 주님을 보았고, 그분을 묘사하려 했다.

그들은 하나님을 빛나고 아름답고 공정하시며 매력적인 존재로 묘사했다. 하나님이 장엄하시고 은혜로우시다고 말했다. 하나님을 위엄 있는 존재로 묘사하면서도, 그분의 온유하심에 주목했다. 그들은 그분을 의로우시고 진리가 충만하신 분으로 보았다. 하나님의 사랑의 기쁨과 즐거움과 향기와 함께 그분의 사랑의 방식을 묘사하려 했다. 선지자들이 그들에게 나타나시고 그들을 다루신 하나님의 속성과 은혜와 가치를 묘사하려 할 때 나는 무릎 꿇고 그들의 훈계를 따를 수 있을 것 같다.

"그는 너희 하나님이시니 너희는 그분을 예배하라."

그분은 공정하시고 왕 같은 분이시나, 그 위엄을 조금도 잃지 않으시면서 은혜로우시다. 그분은 온유하시나, 마찬가지로 그분의 위엄을 조금도 훼손하지 않는 온유함이다. 예수님의 온유하심과 위엄에 대한 찬송가를 쓰거나 음악을 작곡할 수 있으면 좋겠다. 위엄과 온유함이 결합된 것을 다른 어디서 발견할 수 있겠는가?

온유함은 하나님의 인간성이었다. 위엄은 하나님의 신성이었다. 당신은 그것이 주님 안에서 영원히 결합된 것을 발견한다. 온유하신 주님은 어머니의 젖을 먹으며 자랐고, 여느 아기처럼 울었고, 모든 아이에게 필요한 인간의 보살핌을 필요로 하셨다.

그러나 그분은 또한 하나님이셨다. 위엄 있는 모습으로, 헤롯 왕과 빌라도 앞에 서셨다. 주님이 하늘로부터 내려와 다시 오실 때는 하나님의 위엄으로 나타나실 것이다. 그러나 그것은 또한 하나님이자 인간이신 분의 위엄으로 나타날 것이다. 이분이 바로 우리 주 예수 그리스도이시다.

주님은 대적들 앞에서 위엄 있게 서 계신다. 그리고 친구들 앞에는 온유하게 다가오신다. 사람들은 어느 쪽이든 선택할 수 있다. 만일 그가 예수님의 온유하신 면을 원치 않는다면 위엄 있는 면을 알게 될 것이다.

세상에서 자녀들이 주께 다가갔다. 병자들과 죄인들이 그분을 찾아왔다. 귀신 들린 사람이 그분께 왔다. 자신들의 필요를 아는 사람들이 각처에서 와서 예수님을 만졌다. 예수님은 너무나 온유하셔서 그분의 능력이 그들에게로 나가서 그들을 치유해 주신 것을 알게 되었다.

예수님이 사람들에게 다시 나타나실 때는 위엄 있게 나타나실 것이다. 왕의 위엄으로, 인류의 교만과 자만심을 다루실 것이다. 성경은 모든 무릎이 꿇어 엎드리고 모든 혀가 그분을 주님과 왕으로 고백할 거라고 말하기 때문이다. 진정으로 주님을 아는 것은 곧 주님을 사랑하고 예배하는 것이다.

성전에 대한 오해

하나님의 사람들로서 우리는 종종 혼란에 빠져서 비천하고, 걸림돌이 되고, 갈팡질팡하는 사람들로 알려질 수 있다. 틀림없이 우리 중 많은 이들이 그러할 것이다. 왜냐하면 우리는 항상 예배를 우리가 교회에 가서 하는 '일'로 간주하기 때문이다.

우리는 교회를 '하나님의 집'이라 부른다. 그 집을 하나님께 바쳤다. 그래서 우리는 그곳이 우리가 주님을 예배할 수 있는 유일한 장소여야 한다는 혼동된 생각을 계속 지니고 있다. 우리는 벽돌과 나무로 지어지고 카펫이 깔려 있는 주님의 집으로 간다. 다음과 같은 예배의 부름을 듣는 것에 익숙하다.

"오직 여호와는 그 성전에 계시니 온 땅은 그 앞에서 잠잠할지니라 하시니라"(합 2:20).

예배는 주일에 교회에서 드린다. 아주 좋다! 그러나 곧 월요일 아침이 온다. 평신도는 직장으로 출근을 한다. 그리스도인 교사는 교실로 간다. 그리스도인 어머니는 집안일로 분주하다. 월요일에 우리가 여러 가지 임무들을 수행할 때 우리는 하나님의 임재를 의식하고 있는가? 우리가 어디에 있든 하나님은 여전히 그분의 거룩한 성전에 있기 원하신다. 우리가 어디에서 일을 하든, 하나님은 자녀들의 지속적인 사랑과 기쁨과 예배를 원하신다. 사업가가 월요일 아침에 내적인 예배의 부름과 함께 사무실로 들어가는 것은 아름다운 일이 아닌가?

"여호와는 나의 사무실에 계시니 온 땅은 그 앞에서 잠잠할지니라."

당신이 월요일에 여러 임무를 수행하는 가운데 하나님을 예배할 수 없다면, 주일에 예배를 드렸을 가능성이 높지 않다! 사실상 우리 중 누구도 하나님을 기만할 수 없다. 따라서 우리가 토요일에 여러 활동에 몰두하느라 하나님의 임재에서 멀어지고 예배의 느낌에서 멀어져 있다면, 주일날 하나님께 예배드리기에 썩 좋은 상태가 아닌 것이다.

많은 사람들이 하나님이 상자 안에 있다는 생각을 갖고 있는 것 같다. 하나님은 단지 교회 성전 안에 계시며, 그래서 우리가 성전에서 나와 집으로 올 때면 커다란 상자 안에 하나님을 두고 떠난다는 막연한 향수 같은 걸 느낀다. 당신은 그것이 사실이 아니라는 걸 안다. 하지만 그것에 대해 무엇을 하고 있는가? 하나님은 당신의 차나 집이나 사무실에 갇혀 있지 않으신 것처럼 어떤 건물에 갇혀 계시지 않다. 고린도 그리스도인들을 향한 바울의 간절한 권고는 그때와 마찬가지로 오늘날 우리의 삶에도 유효하다.

"너희는 너희가 하나님의 성전인 것과 하나님의 성령이 너희 안에 계시는 것을 알지 못하느냐 누구든지 하나님의 성전을 더럽히면 하나님이 그 사람을 멸하시리라 하나님의 성전은 거룩하니 너희도 그러하니라"(고전 3:16,17).

당신의 사무실에서, 공장에서, 집에서 하나님의 임재를 경험하지 못한다면 당신이 교회에 갈 때도 하나님은 그 안에 계시지 않는다.

나는 청년 시절 오하이오주 애크론에 있는 타이어 공장에서 일을 할 때 그리스도인이 되었다. 나는 내가 그곳에서 했던 일을 기억한다. 또한 그곳에서 예배를 드렸던 것도 기억한다. 나는 많은 눈물을 흘렸다. 아무도 나에게 그것에 대해 묻지 않았지만, 나는 주저하지 않고 그것을 설명했다.

당신은 어떤 기술을 계속 연마해서 거의 자동적으로 그 기술을 사용할 수 있게 될 수 있다. 나도 그곳에서 내 일을 아주 능숙하게 할 수 있게 되었고, 내 손이 바쁘게 움직이는 동안에도 하나님을 예배할 수 있게 되었다.

나는 우리가 예배를 드리고 있을 때 — 공장에서 드릴을 들고 있는 순간이 될 수도 있다 — 하나님의 사랑이 우리 안에 있고 성령이 우리 안에 찬양을 불어넣어 주시면, 천상의 모든 악기들이 총동원하여 연주를 해주고 있다고 믿게 되었다. 우리의 모든 삶, 개인으로서 우리의 전반적인 태도가 하나님의 예배를 향해 있어야 한다는 것이 내 경험을 통한 결론이다.

나의 전부로 예배하라

당신 안에 하나님을 예배하려는 무엇이 있는가? 믿음, 사랑, 순종, 충성, 삶의 활동, 이 모든 것들이 당신 안에서 하나님을 예배하려 한다. 당신 안에 예배를 거부하는 것이 있다면, 당신 안에는 하나님을 제대로 예배하는 것이 없는 것이다.

당신의 삶을 분리하여 어떤 영역에선 예배를 드리고 어떤 부분은 예배를 드리지 않는다면, 당신은 하나님께 합당한 예배를 드리고 있지 않은 것이다.

이것은 큰 착각일 수 있다. 즉 오직 교회에서만, 또는 위험한 폭풍우 한가운데서나 우리 주변에 있는 특별하고 절묘한 자연의 아름다움 앞에서만 예배를 드린다는 것이다. 나는 가파른 산 절벽 끝에 서 있을 때 매우 영적으로 변하는 몇몇 사람들과 함께 지내 왔다!

때때로 우리는 그와 같은 상황에 처하며 그때 한 사람이 "예수님 만세!"라고 소리치기 시작한다. 또는 다른 진부한 표현을 쓰기도 한다.

우리가 하나님을 믿는 자녀로서 성령이 우리 안에 지속적인 기쁨과 즐거움과 경이로움을 일으키신다면, 우리 하나님이 참으로 얼마나 영광스러운 분인지를 보여줄 산 위의 폭풍우는 필요치 않을 것이다.

폭풍우나 별들이나 우주 앞에서 갑자기 광활하고 시적인 느낌이 든다고 해서 우리가 영적인 사람이라고 생각하는 건 착각이다. 내가 말해둘 것은 술주정뱅이나 폭군이나 범죄자들도 그런 '숭고한' 감정을 느낄 수 있다는 것이다. 그런 것들이 예배를 이루고 있다고 상상하지 말자.

내 삶 속에 하나님을 불쾌하게 하는 요소들이 있다는 것을 안다면 나는 하나님을 온전히 기쁘게 해드리는 예배를 드릴 수 없다. 주일에 진실하고 기쁘게 하나님을 예배할 수 없고 월요일에 하나님을 예배할 수 없다. 주일에 기쁜 찬송으로 하나님을 예배할 수 없고, 그 다음 월요일과 화요일에 사업상 거래를 하면서 고의로 하나님의 심기를 상하게 한다.

예배에 대한 내 관점을 다시 말하겠다.

"내 안에 하나님을 불쾌하게 하는 것이 아무것도 없을 때까지는 어떤 예배도 온전히 하나님을 기쁘게 해드리지 못한다."

그것이 당신에게 매우 실망스럽게 들리는가? 내 말을 오래 들어보면 성령 안에서 어떤 격려를 받을 것이나, 나는 육신 안에 있는 사람들을 격려하고 싶은 마음이 전혀 없었다.

나는 사람들을 많이 믿었던 적이 없다. 사람들이 갖고 있는 선한 의도들은 존중한다. 그들이 선의를 갖고 있다는 건 안다. 하지만 육신 안에서 그들은 자신들의 선한 의도들을 실행에 옮길 수 없다. 그것은 우리가 죄인이며 모두 곤경에 처해 있기 때문이다. 예수 그리스도 안에서 승리와 기쁨과 복의 근원을 발견하기 전까지는 그렇다.

예수 그리스도가 오셔서 우리를 변화시키실 때까지, 즉 그분이 우리 안에 사시며 우리의 본성을 전능하신 아버지 하나님과 결합시키실 때까지 우리 안에는 선해질 수 있는 것이 아무것도 없다. 그 전까지는 우리 자신을 선하다고 할 수 없다.

당신의 예배가 온전해야 한다고 말하는 이유가 그것이다. 그것은 당신의 전부를 포함해야 한다. 당신이 하나님을 예배하기 위해 준비를 해야 하는 이유가 그것이며, 그 준비 과정이 항상 즐겁지는 않다. 당신의 삶 속에 반드시 일어나야 하는 혁명적인 변화들이 있을 것이다.

참되고 복된 예배를 드리려면 당신의 삶 속에 있는 어떤 것들이 파괴되고, 제거되어야 한다. 예수 그리스도의 복음은 분명 긍정적이고 건설적이다. 그러나 어떤 영역에서는 그것이 파괴적이어야만 한다. 당신의 삶 속에 남아 있으면 하나님을 기쁘시게 할 수 없는 요소들을 처리하고 파괴해야 하기 때문이다.

"나는 예수님의 이름으로 예배드린다"라고 주장하는 자칭 그리스도인들이 늘 있었다. 그들은 하나님의 예배가 하나의 공식이라고 믿는 듯하다. 예수님의 이름으로 말하는 것에 마법 같은 것이 있다고 생각하는 것 같다.

성령의 도우심으로 성경을 주의 깊게 공부하다 보면 예수님의 이름과 본성이 하나라는 것을 발견할 것이다. 예수님의 이름을 아는 것만으로는 부족하다. 우리가 본질적으로 예수님을 닮게 된다면, 예수님의 뜻대로 구할 수 있는 경지에 이른다면, 주께서 우리가 바라고 필요로 하는 좋은 것들을 우리에게 주실 것이다. 우리는 이름뿐인 예배를 드리지 않는다. 우리는 위로부터 거듭난 결과 하나님을 예배하는 것이며, 그렇게 거듭날 때 하나님은 우리에게 이름보다 더 많은 것을 기꺼이 주셨다. 즉 하나님은 우리에게 변화된 본성을 주셨다.

베드로는 그 진리를 이렇게 표현했다.

"이로써 그 보배롭고 지극히 큰 약속을 우리에게 주사 이 약속으로 말미암아 너희가 정욕 때문에 세상에서 썩어질 것을 피하여 신성한 성품에 참여하는 자가 되게 하려 하셨느니라"(벧후 1:4).

왜 우리는 예배 중에 하나님을 기쁘게 해드리는 것에 대해 착각에 빠져 있어야 하는가? 내가 하루 종일 세속적이고 육적인 부랑자처럼 살다가 자정에 위기에 처한 나 자신을 발견한다면 거룩하신 하나님께 어떻게 기도하겠는가? 나에게 영과 진리로 예배하라고 하신 분을 어떻게 대하겠는가? 예수님의 이름에 마법이 있다고 믿기에 무릎 꿇고 예수님의 이름을 부를 것인가?

내가 여전히 세속적이고 육적인 부랑자라면 실망하고 환멸을 느낄 것이다. 만일 내가 예수님의 이름과 본성의 참된 의미 안에서 살고 있지 않다면 제대로 그 이름으로 기도할 수 없다. 내가 주님의 본성으로 살고 있지 않다면 그 본성으로 올바로 기도할 수 없는 것이다.

훈련되지 않고, 교정되지 않고, 제거되지 않고, 정화되지 않은 이런 악한 요소들이 우리의 본성 안에 그대로 남아 있을 때 어떻게 하나님께 합당한 예배를 드리기를 바랄 수 있겠는가? 본성 안에 악한 요소들을 갖고 있는 사람이 자신의 일부분을 드려서 하나님이 반쯤 받으실 만한 예배를 드리려고 애쓸 수는 있다. 하지만 어떻게 계속 그런 예배를 드릴 수 있겠는가?

생각이 성소되게 하라

"나는 너의 생각 속에 거하기 원한다"라고 하나님은 말씀해 오셨다. "너의 생각을 내가 거할 수 있는 성소로 만들어라." 내가 꼭 잘못된 행동을 해야만 죄를 깨닫고 회개하는 것이 아니다. 나는 잘못된 생각을 함으로써 하나님과의 교제를 잃어버리고, 하나님의 임재에 대한 예리한 감각을 잃어버리고, 영적 승리의 축복을 잃어버릴 수 있다.

나는 하나님이 악의적이고 더럽혀진 생각 속에 거하지 않으신다는 것을 알게 됐다. 하나님은 정욕과 탐욕이 가득한 생각들 속에 거하지 않으실 것이다. 그분은 교만하고 이기적인 생각들

속에 거하지 않으실 것이다.

하나님은 우리의 생각을 그분이 거하실 수 있는 성소로 만들라고 하신다. 하나님은 우리의 순결하고 사랑이 가득한 생각들, 온유하고 너그러우며 다정한 생각들을 귀하게 여기신다. 이런 것들은 하나님 자신의 생각과 같은 생각들이다.

하나님이 당신의 생각 속에 거하실 때 당신은 예배를 드릴 것이고 하나님은 받으실 것이다. 삶의 염려들이 극심하고 분주한 활동들이 많더라도 하나님의 당신의 고귀한 의도에서 나오는 향을 음미하실 것이다.

당신의 의도가 당신 존재의 모든 부분으로 하나님을 예배하는 것임을 하나님이 아신다면, 그분은 당신을 도와주기로 약속하셨다. 하나님 편에는 사랑과 은혜, 약속과 대속, 성령의 지속적인 도움과 임재가 있다. 당신 편에는 결단과 추구, 복종, 믿음이 있다. 당신의 마음은 하나님과의 지속적이고 끊이지 않는 교제와 교감이 있는 방, 성소, 성지가 된다. 당신의 예배는 매순간 하나님께 올라간다.

스펄전의 훌륭한 설교 중 "침묵 속의 하나님"과 "폭풍우 속의 하나님"이라는 설교가 있었다. 하나님을 아는 마음은 어디서나 하나님을 발견할 수 있다. 나는 하나님의 영으로 충만한 사람, 생생한 만남 속에서 하나님을 만난 사람은 삶의 침묵 속에서든 삶의 폭풍우 속에서든 하나님을 예배하는 기쁨을 알 수 있다는 진리에 대해 확실히 스펄전에게 동의한다.

실제로 논쟁의 여지는 없다. 우리는 하나님께서 우리가 무엇이 되길 원하시는지 안다. 하나님은 우리가 예배자들이 되기를 원하신다!

---

* *Whatever Happened to Worship: A Call to True Worship*.
  Christian Publications, 1985; WingSpread, 2012 재출간.

CHAPTER 11

사랑하는 이를 예배하라

많은 물도 이 사랑을 끄지 못하겠고 홍수라도 삼키지 못하나니
사람이 그의 온 가산을 다 주고 사랑과 바꾸려 할지라도
오히려 멸시를 받으리라 아 8:7

우리 주 예수 그리스도는 목자이시다. 이것은 처음부터 교회가
믿어왔던 것이다. 그리고 구속받은 교회는 어여쁜 신부다. 고통
의 시간에 그녀는 예루살렘의 딸들에게 말한다.

"너희가 내 사랑하는 자를 만나거든 내가 사랑하므로 병이
났다고 하려무나"(아 5:8).

물론 그들은 근본적으로 그녀에게 이렇게 묻는다.

"왜 이렇게 우리에게 오십니까? 우리도 남자친구가 있습니다.
우리는 훌륭한 청년들을 많이 압니다. 당신이 사랑하는 사람이

대체 누군데요? 그 사람이 다른 사람들보다 나은 점이 무엇이기에, 당신은 우리를 전국으로 보내 그를 찾아내서 신부가 상사병에 걸렸다고 말하라고 하는 건지요."

그녀는 대답했다.

"입은 심히 달콤하니 그 전체가 사랑스럽구나 예루살렘 딸들아 이는 내 사랑하는 자요 나의 친구로다"(16절).

"너의 사랑하는 자가 남의 사랑하는 자보다 나은 것이 무엇이냐"라는 질문에 다윗은 시편 45편에서 이렇게 답한다.

"왕은 사람들보다 아름다워 은혜를 입술에 머금으니 그러므로 하나님이 왕에게 영원히 복을 주시도다 용사여 칼을 허리에 차고 왕의 영화와 위엄을 입으소서 왕은 진리와 온유와 공의를 위하여 왕의 위엄을 세우시고 병거에 오르소서 왕의 오른손이 왕에게 놀라운 일을 가르치리이다"(시 45:2-4).

그는 자신이 '좋은 말'이라고 칭하는 그 글에서 계속해서 그를 묘사한다. 그의 펜은 준비된 작가의 펜이다. 그의 혀는 준비된 작가의 펜이다. 베드로는 그 모두를 합한 것보다 더 높이 올라가 광범위하게 '만유의 주'라고 말한다(행 10:36).

이분은 우리가 사랑하는 분이다. 우리는 그를 예배하기 위해 태어났다. 하나님은 우리가 그분을 예배하도록 만드셨다. 그분이 무엇의 주님이신지 생각해보자.

모든 지혜와 지식의 주님을 예배하라

그분은 지혜의 주님이시며, 그분 안에 모든 지혜와 지식이 감춰져 있다. 그것들은 숨겨져 있다. 그리고 심오하고 영원한 목적들은 모두 그분의 것이다. 주님의 완전한 지혜로 인해, 그분은 우주의 판과 시간과 영원세계의 판에서 장기를 두실 수 있으며 모든 것이 제대로 작동하게 만드신다.

내가 기독교에 대해 알았던 것들이 전부 요즘 듣고 있는 것들이라면, 나는 그렇게 많은 관심을 갖지 않았을 거라 생각한다. 항상 나에게서 어떤 것을 얻어내려 하시는 그리스도께 많은 관심을 가졌을 거라 생각하지 않는다. 당신에겐 그것이 없고, 하나님께는 있었다. 그래서 하나님께 나아가 이제 당신이 그것을 갖게 되었다. 물론 그것은 모두 성경의 일부분이나, 다소 낮은 부분이다. 더 높은 부분은 하나님이 누구시며 우리가 누구를 예배해야 하는가이다.

아가서는 그가 그녀를 위해 무엇을 갖고 있었는지에 대해선 한 마디도 하지 않았다. 다만 그가 중요한 사람이었다는 사실만 나온다. 그녀는 자신의 열정을 표현하며 다소 무례할 수 있는 언어로 그를 묘사했다. 당신이 사랑하는 이는 어떤 사람인가? 그녀는 이렇게 말한다.

"내 사랑하는 자는 희고도 붉어 많은 사람 가운데에 뛰어나구나 … 눈은 시냇가의 비둘기 같은데 우유로 씻은 듯하고 아름

답게도 박혔구나 뺨은 향기로운 꽃밭 같고 향기로운 풀언덕과
도 같고 입술은 백합화 같고 몰약의 즙이 뚝뚝 떨어지는구나 …
입은 심히 달콤하니 그 전체가 사랑스럽구나"(아 5:10-16).

그녀는 "왜냐고? 너희는 내가 그를 왜 사랑하는지 모르느냐?
내가 피곤할 때 그는 나를 쉬게 해준다. 내가 두려울 때 그는 내
두려움을 없애준다. 내가 일자리를 원할 때 그가 나를 위해 일
자리를 준다. 또 내가 더 큰 차를 갖고 싶으면 그에게 부탁한
다. 내가 건강해지고 싶을 땐 그가 나를 치료해준다"라고 말하
지 않았다. 물론, 그분은 그 백성을 도와주시며, 나는 그것을 믿
는다! 한 청년은 차를 갖기 위해 일 년 동안 기도했고, 하나님을
그를 위해 그 기도를 들어주셨다. 나는 그것을 믿는다. 하나님
이 사람들을 위해 그런 일들을 해주신다고 믿는다.

내가 사역을 시작하고 처음 몇 년 동안 그런 것들을 위해 기
도할 수 없었다면 아마 나는 굶어 죽었을 것이다. 뿐만 아니라
내 아내도 나와 같이 몰락하게 만들었을 것이다. 따라서 나는
기도의 응답을 믿는다. 하지만 그게 전부는 아니다. 그것은 성
경의 가장 낮은 부분이다.

하나님은 모든 지혜의 주님이시다. 또한 그분은 영원한 시대
의 주님이요, 아버지이시다. 킹제임스 성경에 나온 표현대로 "영
존하시는 아버지"(사 9:6)가 아니라 영원한 시대의 아버지이시
다. 그분은 건축가가 설계도를 작성하듯이 시대를 배치하신다.

부동산 개발업자가 작은 도시를 설계하고 건축을 하는 것처럼 하나님은 시대를 설계하신다. 그분은 설계를 하신 다음 수많은 집들을 지으신다. 따라서 그분은 건물과 지역 개발을 다루지 않으신다. 그분이 상대하시는 건 대행업자들이다. 그리고 하나님은 모든 지혜의 하나님이시다. 그분의 지혜는 완전하므로 이 모든 것을 다 하실 수 있다. 또한 역사는 그분의 목적들이 서서히 이루어져가는 것이다.

당신이 지금 짓고 있는 집 한 채를 떠맡는다고 하자. 건축가가 작은 점 하나, 아주 작은 엑스 표시 하나까지 다 그려놓았다. 그는 그 집에 대해 모든 것을 알며, 설계도 맨 아래 자기 이름을 적고 그것을 도급업자에게 넘겼다. 또한 그는 전기기사, 배관공, 그 외 기술자들에게 공사를 맡겼다. 당신은 언젠가 현장에 가서 무심코 이렇게 말한다.

"앞으로 어떻게 될지 궁금하군. 지금은 엉망이야. 그래, 굴착기가 저 크고 못생긴 코로 구덩이를 파고, 파낸 흙은 두둑을 만들거나 트럭에 실어나르고 있네. 저들은 저기서 벽돌을 내리고 있고. 그냥 다 뒤죽박죽이라 정신이 하나도 없네."

당신은 "이게 뭡니까?"라고 말한다. 그리고 6개월이나 8개월에서 10개월 정도 뒤에 다시 가면 멋진 집을 볼 수 있다. 조경사들이 와 있고, 푸른 나무들이 창문 옆 작은 녹색 담장 못들과 함께 서 있다. 그것은 매우 아름답다. 그리고 한 아이가 잔디밭에서 뛰어놀고 있다.

영원한 시대의 아버지, 모든 지혜의 주께서 그분의 계획들을 설계하셨고 그것을 위해 일하고 계심을 믿기 바란다. 우리는 지나가다가 혼란에 빠진 교회를 본다. 분열로 인해 아파하고 괴로워하며, 이단 때문에 산산조각이 난 교회를 본다. 그 교회가 세상의 어느 부분에서 타락한 것을, 또 세상의 다른 부분에서는 혼란스러워하는 것을 보고 우리는 어깨를 으쓱하며 말한다.

"네 사랑하는 자가 누구냐? 이게 다 뭐냐?"

그 답은 이렇다. 그분은 지혜의 주님이시며 모든 것을 설계하고 계신다. 당신이 지금 보고 있는 것은 굴착기가 작업하고 있는 것뿐이다. 그게 전부다. 벽돌을 나르는 트럭뿐이다. 그것이 당신이 보고 있는 것이다. 당신은 오직 작업복 차림의 노동자들이 돌아다니며 시간을 죽이고 있는 것을 보고 있다. 당신이 보고 있는 것은 그것뿐이다. 그저 사람들을 보고 있으며, 그 사람들의 태도는 당신을 화나게 한다.

우리는 신앙을 버리고 타락하여 혼란에 빠지고, 버드나무 가지를 쫓아가면서 그것을 하나님의 영광이라고 생각한다. 부엉이 울음소리를 듣고 그것을 은 나팔 소리로 생각하여 잘못된 방향으로 벗어나며, 그것을 만회하고 되돌리는 데 많은 시간을 보내고 있고, 역사는 우리를 보고 웃는다.

그러나 너무 과신하지 말라. 또 다른 천 년이 지난 후 돌아와 모든 지혜의 하나님이 이루어놓으신 일을 보라. 그분이 하신 일을 보라. 그분은 모든 지혜의 주님이시며, 역사는 그분의 목적이 서서히 이루어지는 것이다.

모든 정의의 주님을 예배하라

그분은 모든 정의의 주님이시다. 나는 선한 것에 소속되기를 기뻐한다. 즉, 우주 어딘가에는 선한 것이 있다. 그러나 나는 지나친 낙천주의자가 될 수 없었다. 나는 처음부터 잘못 태어났다. 내가 나폴레옹이 되려면 적어도 열 세대 전에 다른 아버지와 어머니에게서, 다른 조상의 혈통을 가지고 태어났어야 했다. 그는 모든 것이 선하다고 믿은 철학자였는데, 나는 그것을 믿을 수 없다. 나는 그것이 사실이라고 생각하지 않는다. 모든 곳에는 옳지 않은 것들이 너무 많이 있고, 그것을 인정하는 편이 낫다고 생각한다. 그것을 믿지 않는다면 당신의 자동차 문을 잠그지 말라.

그 다음에 의롭지 않은데 자신들이 의롭다고 생각하는 바리새인들이 있었다. 그들은 독선적인 위선자들이다. 그리고 거짓말을 일삼으며 지키지도 않을 온갖 약속들을 하는 정치인들이 있다. 내가 평생 알아온 정치인들 중 유일하게 정직한 사람은 웬델 윌키(Wendell Willkie)뿐이었다. 그가 선거운동 기간에 했던 약속들을 가지고 누군가가 그에게 따지자 그는 "그건 단지 선거공

약일 뿐이었습니다"라고 말했다. 그는 내가 아는 사람 중, 자신이 당선되기 위해 거짓말을 했다는 사실을 인정할 만큼 정직했던 유일한 사람이었다. 그는 당선이 되지 않았지만, 어쨌든 거짓말을 했고 그 사실을 인정했다. 그것이 중요한 것이다.

정의는 발견되지 않는다. 그렇게 생각하지 않는다면 사람이 붐비는 곳에서 버스에 타 보라. 당신이 아무리 나이가 많고 허약해도, 갈비뼈 한두 개에 금이 가거나 적어도 집으로 돌아가는 어느 주부의 팔꿈치에 세게 맞을 것이다. 부디 무사하길 바란다. 우리는 선하지 않다. 사람들은 선하지 않다.

우리가 제일 먼저 배우는 것들을 보면 나쁘고 못된 것들이다. 죄는 어디에나 있다. 나는 좋은 일에 가담하기 원한다. 나는 미국인이다. 나는 여기서 태어났고, 미국인이 되기 위해 한 푼도 들지 않았다. 우리 아버지와 어머니는 조금 대가를 치르셨지만, 나는 한 푼도 지불하지 않았다. 나는 미국인이고, 절대 다른 사람이 되지 않을 것이다. 사람들이 나를 땅에 묻을 땐 미국 땅의 아주 작은 일부분이 될 것이다. "어디든 나는 있게 되리라"라는 시인의 말처럼. 하지만 전반적인 미국의 정의를 믿으려면 당신은 엄청 계집애 같은 사내가 되어야만 한다. 그렇지 않은가? 당신은 완전히 바보가 되어야 한다.

워싱턴에는 독수리의 둥지가 있다. 그들이 민주당원이든 공화당원이든 아무 상관이 없다. 그들 중 많은 이들이 사기꾼들이며 좋은 의도를 갖고 있다. 다만 그들은 아담의 타락한 자손들이며, 자기들이 할 수 있는 최선을 다하고 있는 것이다. 우리는 어쩌면 더 나쁜 일을 할 것이다. 우리는 그저 그들을 위해 기도하고 그들에게 하나님의 자비를 베풀어 달라고 구할 수 있다. 하지만 대략 그런 정도다.

당신은 교육적이거나 문화적인 내용을 기대하며 라디오를 켜 보지만, 당신이 듣는 것은 자동차와 담배에 관한 노래들뿐이다. 우리가 사는 세상은 선한 세상이 아니다. 그것은 나쁜 세상이다. 당신은 개신교도가 될 수 있지만 그것이 크게 도움이 되지는 않는다. 당신이 미국인이 될 수 있지만 그것도 큰 도움이 되지는 않는다. 그러나 영광의 하나님께 접붙임되면 정말로 의로운 것과 관계를 맺는 것이다. 지나친 낙천주의자가 아니라 정말로 의로운 것이다.

그분은 정의 그 자체이시다. 정의의 개념의 요구와 모든 정의의 가능성이 그분 안에 압축되어 있다. 다윗은 이렇게 말한다.

"하나님이여 주의 보좌는 영원하며 주의 나라의 규는 공평한 규이니이다 왕은 정의를 사랑하고 악을 미워하시니 그러므로 하나님 곧 왕의 하나님이 즐거움의 기름을 왕에게 부어 왕의 동료보다 뛰어나게 하셨나이다"(시 45:6,7).

그러므로 우리에겐 완전히 의로우신 구세주가 계시다. 그들은 그분을 몰래 염탐했다. 대적을 보내어 그분의 삶을 조사하게 했다. 예수님의 발이 한 번이라도 미끄러지는 것을 상상할 수 있는가? 예수님이 흥분하여 화를 내셨다고 상상할 수 있겠는가? 혹은 예수님이 한때 이기적이셨다면? 당신과 내가 당연시하는 일을 예수님이 한 번이라도 행하셨다고 상상할 수 있겠는가? 지옥의 날카롭고 반짝이는 눈들이 예수님을 따라가며 그분의 입에서 나오는 말을 포착하려 하는 것을 상상할 수 있겠는가?

주님의 날들이 거의 마지막에 다다랐을 때 주님은 그들을 바라보며 말씀하셨다.

"너희 중에 누가 나를 죄로 책잡겠느냐 내가 진리를 말하는데도 어찌하여 나를 믿지 아니하느냐"(요 8:46).

정의는 그분의 것이었고, 그분은 대제사장이시다. 구약성경으로 돌아가 보면 대제사장이 성전에 들어갈 때 어깨와 가슴에 규정에 따른 것들을 부착했고, 이마에는 패가 있었다. 그 패에 뭐라고 새겨져 있었는지 아는가? "여호와께 성결"이다. 그는 자신이 할 수 있는 가장 좋은 말을 하고 있었다. 그 사람도 자신을 위한 제물을 준비해야만 했다.

그러나 주님은 실제로 이루어진 일을 상징 속에서 말씀하려 하셨다. 즉 모든 대제사장들의 대제사장이신 주님이 오실 때 그분은 이마에 여호와께 대한 성결함을 지니고 계셨다. 그리고 사람들이 조롱하며 그의 이마에 가시관을 씌울 때 만일 그들에게 선지자의 눈이 있었다면 그곳에 있는 패를 보았을 것이다. "여호와께 성결." 그분은 모든 의의 주님이시다.

모든 자비의 주님을 예배하라

주님은 모든 자비의 주님이시다. 되찾은 반역자들을 데리고 그
분의 왕국을 세우시기 때문이다. 주님은 그들을 구속하셨고 그
들 안에 의로운 영을 회복시키셨다. 주님의 나라에 있는 모든 사
람들은 구속받은 반역자들이다.

우리나라를 배신한 사람들에 대해 우리가 어떻게 생각하는지
아는가? 우리는 거의 그들을 용서하지 않는다. 용서하더라도
늘 의심의 눈으로 그들을 바라본다. 공산주의에 빠져 스파이 노
릇을 했거나, 적어도 공산주의자의 책략을 도왔던 사람들이 새
로운 눈을 뜨고 그로부터 돌아서서 FBI로 가 잘못을 시인하고
그들의 삶을 바로잡더라도, 우리는 그들조차 약간 의심을 가지
고 바라본다.

그러나 예수 그리스도의 나라에는 예전에 적을 위한 스파이이
자 반역자가 아니었던 사람이 한 사람도 없다는 것을 생각해보
았는가? 워싱턴이나 오크 힐이나 시카고 대학교에서 어떤 사람
이 비밀을 입수하여 그것을 적에게 전달하는 것은 나쁜 일이다.
그것은 나쁜 일이며, 그들은 그것에 대해 교수형을 내린다. 그러
니 모든 죄인들이 그러하듯 영광의 주님을 대적하는 원수들 편에
넘기는 것은 얼마나 더 나쁜 일인가. 그것을 잊지 말라. 모든 죄

인들이 그러하다.

어느 나이 많고, 자기만족에 빠져 있는 집사가 성 프란시스 조각상 같은 모습으로 두 손을 모으고 앉아 있는 걸 볼 때 내가 미소를 짓는 이유가 그것이다. 그는 정말로 매우 경건한 사람이며, 그것을 잘 알고 있다.

"좋아요, 존스 집사. 당신이 어떤 사람이었는지 모르십니까? 당신은 반역자이고 스파이였습니다! 하나님 나라의 비밀들을 팔아넘기고 원수와 한 패가 되어 그 나라를 전복시키려 했죠."

우리 모두가 그렇다. 포함되지 않는 사람은 우리 중에 아무도 없다. 그것을 싫어한다면 당신은 신학자가 아니다. 당신이 성경을 안다면 내 말에 동의할 것이다. 그것이 우리 모두의 모습이었기 때문이다. 그러나 자비를, 오, 부디 자비를 베푸소서. 모든 자비의 주님이시여!

언젠가 나는 자비에 관한 설교를 전하고 싶다. 그 설교를 한 적이 없는 것 같다. 물론 모든 설교에 그 부분을 포함시켰지만, 주 예수 그리스도의 자비를 생각해보라. 그분은 모든 정의의 주님이시고, 우리는 나쁜 사람이다. 그러나 주님은 또한 모든 자비의 주님이시다. 따라서 주님의 크신 배려로, 반역자들과 불의한 사람들, 죄인들을 그분의 자녀로 삼으신다. 주님은 정의로 그들을 세우시며 그들 안에 의로운 영을 회복시켜주신다. 그리고 우리에겐 교회가 있다. 함께하는 신자들의 조직이 있고, 그분이 그들의 주님이시다.

모든 능력의 주님을 예배하라

그분은 모든 능력의 주님이시다. 이 성경 말씀을 생각해보라.

"이 일 후에 내가 들으니 하늘에 허다한 무리의 큰 음성 같은 것이 있어 이르되 할렐루야 구원과 영광과 능력이 우리 하나님께 있도다 그의 심판은 참되고 의로운지라 음행으로 땅을 더럽게 한 큰 음녀를 심판하사 자기 종들의 피를 그 음녀의 손에 갚으셨도다 하고 두 번째로 할렐루야 하니 그 연기가 세세토록 올라가더라 또 이십사 장로와 네 생물이 엎드려 보좌에 앉으신 하나님께 경배하여 이르되 아멘 할렐루야 하니"(계 19:1-4).

여기서 우리는 히스테리가 아닌 황홀감을 경험한다.

"보좌에서 음성이 나서 이르시되 하나님의 종들 곧 그를 경외하는 너희들아 작은 자나 큰 자나 다 우리 하나님께 찬송하라 하더라"(계 19:5).

그 다음에 (내 상상인데) 요한은 이렇게 말했을 것이다.

"그와 같은 환상을 보기 위해서라면 밧모섬의 소금 광산이라도 들어갈 만하다. 그렇지 않은가?"

정말로 그랬을 것이다. 그들은 요한을 밧모섬의 소금 광산에 두었다고 말한다. 바닷가에 살면서 고기를 잡고, 모래사장을 거닐고, 신선한 공기를 느끼던 사람이 이제 광산에 있는 것이다.

그곳은 어둡다. 그런데 갑자기 주의 날에 주께서 그를 영 안으로 끌어올리시고, 그는 한 음성을 듣는다.

"우리가 즐거워하고 크게 기뻐하며 그에게 영광을 돌리세 어린 양의 혼인 기약이 이르렀고 그의 아내가 자신을 준비하였으므로"(계 19:7).

다음에 나오는 구절은 신약성경의 아가서라고 할 수 있다.

"그에게 빛나고 깨끗한 세마포 옷을 입도록 허락하셨으니 이 세마포 옷은 성도들의 옳은 행실이로다 하더라 천사가 내게 말하기를 기록하라 어린 양의 혼인 잔치에 청함을 받은 자들은 복이 있도다 하고 또 내게 말하되 이것은 하나님의 참되신 말씀이라 하기로 내가 그 발 앞에 엎드려 경배하려 하니 그가 나에게 말하기를 나는 너와 및 예수의 증언을 받은 네 형제들과 같이 된 종이니 삼가 그리하지 말고 오직 하나님께 경배하라 예수의 증언은 예언의 영이라 하더라 또 내가 하늘이 열린 것을 보니 보라 백마와 그것을 탄 자가 있으니 그 이름은 충신과 진실이라 그가 공의로 심판하며 싸우더라"(계 19:8-11).

"내가 하늘이 열린 것을 보니." 모세가 그러했고, 이사야가 그러했고, 에스겔이 그러했고, 요한이 그러했으며, 나도 그것을 기다리고 있다.

"또 내가 하늘이 열린 것을 보니 보라 백마와 그것을 탄 자가 있으니 그 이름은 충신과 진실이라 그가 공의로 심판하며 싸우더라 그 눈은 불꽃 같고 그 머리에는 많은 관들이 있고 또 이름 쓴 것 하나가 있으니 자기밖에 아는 자가 없고 또 그가 피 뿌린 옷을 입었는데 그 이름은 하나님의 말씀이라 칭하더라"(계 19:11-13).

우리에겐 승리하신 주 예수 그리스도, 모든 능력의 주님이 계시다.

회복의 은혜가 있다

죄는 세상에 상처를 남겼다. 펜실베이니아에는 '노천 채굴'이라는 것이 있다. 나는 그들이 우리의 사랑스러운 펜실베이니아 산들에 행한 짓을 보고 마음속으로 화가 났다. 이 탐욕스러운 개들이 가서 커다란 기계로 나뭇잎을 다 벗겨내고, 아름다운 산비탈의 깊은 곳으로 들어가 값싼 석탄을 캐냈다. 돈 조금 벌자고 별짓을 다한 것이다. 그래서 정부는 "노천광에서 채굴을 하면 다시 채워놓거나 아니면 1에이커 당 100불을 내야 한다"라고 했다. 그러자 그들은 활짝 웃으며 "그걸 채워 놓으려면 1에이커당 100불이 더 들겠는데"라고 말한다. 그래서 그들은 벌금을 내고 그대로 내버려둔다!

이후에 나는 차를 타고 그 옛 장소를 다시 지나갔다. 4,5년 전 그곳에 갔을 땐 마치 부상자처럼 온통 패이고 추한 모습이었다. 내가 어릴 때 그곳은 푸른 나무들과 그 위의 파란 하늘이 만나 정말 아름다운 곳이었다. 그러나 그 후 그곳은 훼손되었다. 사람들은 약속을 이행하는 것보다 벌금이 더 싸게 먹혔기 때문에 벌금을 냈다. 그 사랑스러운 산을 온통 패이고 잘리고 상처를 입은 채로 내버려두었다.

그러나 다시 그곳에 갔을 때 대자연이 얼마나 자비롭게 일을 했는지 보고 눈물을 흘렸다. 4,5년 전에 흉한 구덩이가 있던 곳에는 햇빛과 비와 바람과 파도가 계속 다녀가면서 거기에 있는지도 몰랐던 꽃들을 피우기 시작했다. 그리고 지금은 자연이 그 산의 상처와 흉터와 추한 모습들을 덮고 있다.

하나님은 세상을 아름답게 만드셨다. 당신이 나가서 그곳을 추하게 만들어도, 하나님이 5년 내에 그곳을 다시 아름답게 만드실 것이다. 인류는 하나님의 형상으로 지음 받았음에도 추악하다. 아름다움이 잠재되어 있으나, 그 죄는 추악하기 때문이다. 나는 우주에서 가장 추악한 곳이 지옥이라고 생각한다. 어떤 사람이 "지옥처럼 추하다"라고 말할 때 그는 적절하고 타당한 비유를 사용하고 있는 것이다. 왜냐하면 지옥보다 더 추한 것이 없기 때문이다. 확실히 지옥은 우주에서 가장 추한 곳이다. 다른 모든 추한 것들은 그것에 비유할 수 있으며, 확실히 천국은 가장 아름다운 곳, 최고로 아름다운 곳이다. 모든 신실한 자들의 평화와 복된 자들의 평온함과 신성함이 다 그곳에 있을 것이다. 지옥이 우주에서 가장 추한 곳인 것처럼 분명히 가장 아름다운 곳은 천국에 있을 것이다. 모든 조화와 향기와 매력이 그곳에 있을 것이기 때문이다.

그러나 모든 지대한 아름다움의 전형인 천국과 모든 추악함의 진수인 지옥 사이에는 상처 입은 가련한 이 세상이 있다. 빈곤한 땅은 죽어가는 가련한 여인처럼 누더기 옷을 입고 있다. 한때는 사람들이 감탄하며 바라보던 아름다운 모습이었는데 말이다.

지금은 죄가 그녀를 쓰러뜨렸고 그녀는 찢기고 너덜너덜해졌다. 나일강에서 미시시피강까지, 캘리포니아에서 방콕까지, 북극에서 남극까지, 인간이 가는 곳마다 우리는 더 많은 추악함과 죄와 증오와 의심과 욕과 그 외의 모든 것들을 발견한다.

또한 주님이 그의 신부로 삼으신 아름다운 인류는 지금 불쌍하고 추한 모습으로 누더기 옷을 입은 채 죽어가고 있다. 그러나 자비의 주님이신 예수 그리스도가 그녀를 구원하기 위해 오셨다. 친히 그녀의 육신을 입으시고 인간과 비슷한 모습이 되셔서 죄를 위해 자신을 죽음에 넘겨주셨다. 그리고 이제는 회복이 있을 것이다.

오래 전에 나는 책 한 권을 읽었다. 빅토르 위고(Victor Hugo)의 책은 이런 종류의 책 중에 가장 훌륭한 책인 것 같다. 내가 읽은 모든 문학책에서 본 것 중에 가장 불쌍하고 애정 어린 구절이 그 안에 있다. 그만큼 깊고 감동적인 구절을 찾으려면 성경을 펼

처야 할 것이다.

사회의 상류층이자 귀족이었던 젊은 남자가 있었고, 그가 사랑에 빠진 여자가 있었다. 그리고 그 사이에 얼굴이 창백한 소녀가 있었다. 그녀는 낡은 누더기를 입고 창백하고 아픈 얼굴로 파리의 거리를 떠도는 어린 부랑자였다. 그녀 또한 그 귀족을 사랑했으나 감히 그렇다고 말하지 못했다.

그 젊은 귀족은 쪽지를 주고받기 위해 그녀를 이용했다. 이 젊은이는 누더기를 입은 이 가엽고 창백한 소녀가 그의 고결함에 마음을 빼앗긴 줄은 꿈에도 몰랐다. 그는 그저 그녀를 찾아가서 자기가 그녀를 도울 만한 것이 있을지, 어떻게 도울 수 있는지 알아보려고 했다.

그는 그녀가 파리의 가난한 동네 공동주택에서 누더기 같은 침대에 누워 있는 것을 발견했다. 하지만 이제 그녀는 일어나서 그에게 인사를 하거나 그의 연인에게 쪽지를 전해줄 수도 없는 상태였다.

그가 그녀에게 묻는다.

"내가 뭘 해줄 수 있을까?"

그러자 그녀가 대답했다.

"저는 지금 죽어가고 있고 곧 떠날 거예요."

"내가 뭘 해줄까? 내게 말해보렴."

그의 말에 그녀는 이렇게 말했다.

"제가 마지막으로 눈을 감기 전에 절 위해 한 가지만 해주실 래요? 제가 죽을 때 제 이마에 입을 맞춰 주시겠어요?"

나는 그것이 빅토르 위고의 빛나는 상상일 뿐이었다는 걸 안다. 하지만 빅토르 위고는 파리에서 그것을 보았다. 그는 그곳의 시궁창을 지나가며 이것을 보았다. 그는 그것에 대해 알았다. 그리고 당신이 한 소녀를 쓰러뜨릴 수 있고, 그녀에게 누더기를 입힐 수 있고, 폐결핵에 걸리게 할 수 있고, 더러운 거리를 걸어갈 때 바람에 날아갈 정도로 그녀를 마르게 만들 수 있으나, 그녀의 심장을 제거할 순 없다는 걸 알았다. 그녀가 한 남자를 사랑하고 싶게 만드는 것, 당신은 그것을 없앨 수 없다.

하나님은 아담에게 "너는 홀로 있으면 안 된다. 그것은 좋지 않다"라고 말씀하셨다. 그리고 그를 위해 여자를 만드셨다. 당신은 그것을 제거할 수 없다. 빅토르 위고는 그것을 알았고, 그것을 글로 썼다.

나는 소설을 인용하는 경우가 거의 없으나, 이는 그만한 가치가 있다고 생각했다. 우리 주 예수 그리스도가 오셔서 그와 같은 인류를 찾아내셨다. 폐병에 걸려 핼쑥하고 창백한 얼굴로 죽어가는 인류를. 그분은 그녀의 죽음을 모두 짊어지고 3일 만에 부활하셨다. 모든 비애와 애석함을 없애주셨고, 이제 그녀는 사랑하는 이의 품에 안겨 하나님의 임재 안으로 걸어가고 있다.

이제 그녀는 불쌍하고 가련한 은둔자가 아니다. 행복하고,

눈이 반짝반짝 빛나는 그의 신부는 빛 가운데서 성도들과 함께
하기 위해 단장한 모습이다.

　　"그는 네 주인이시니 너는 그를 경배할지어다"(시 45:11).

＊ "A Look at our Worship of God."
　1957년 10월 27일, 시카고 사우스웨스트 얼라이언스 교회에서 한 설교.

예배 WORSHIP

초판 1쇄 발행   2019년 8월 5일

지은이   A.W. 토저
옮긴이   유정희

펴낸이   여진구
책임편집   이영주 김윤향
편집   최현수 안수경 김아진
책임디자인   노지현 조은혜 | 마영애 조아라
기획 · 홍보   김영하   해외저작권   기은혜
마케팅   김상순 강성민 허병용   마케팅지원   최영배 정나영
제작   조영석 정도봉   경영지원   김혜경 김경희

이슬비전도학교   최경식   303비전성경암송학교   박정숙
303비전장학회 & 303비전꿈나무장학회   여운학

펴낸곳   규장

주소 06770 서울시 서초구 매헌로 16길 20(양재2동) 규장선교센터
전화 02)578-0003   팩스 02)578-7332
이메일 kyujang0691@gmail.com   홈페이지 www.kyujang.com
페이스북 facebook.com/kyujangbook   인스타그램 instagram.com/kyujang_com
카카오스토리 story.kakao.com/kyujangbook
등록일 1978.8.14. 제1-22

ⓒ 한국어 판권은 규장에 있습니다.
이 출판물은 저작권법에 의해 보호를 받는 저작물이므로 무단 전재와 무단 복제를 할 수 없습니다.

책값 뒤표지에 있습니다.
ISBN 978-89-6097-590-3 03230

규 | 장 | 수 | 칙

1. 기도로 기획하고 기도로 제작한다.
2. 오직 그리스도의 성품을 사모하는 독자가 원하고 필요로 하는 책만을 출판한다.
3. 한 활자 한 문장에 온 정성을 쏟는다.
4. 성실과 정확을 생명으로 삼고 일한다.
5. 긍정적이며 적극적인 신앙과 신행일치에의 안내자의 사명을 다한다.
6. 충고와 조언을 항상 감사로 경청한다.
7. 지상목표는 문서선교에 있다.

하나님을 사랑하는 자 곧 그의 뜻대로 부르심을 입은 자들에게는 모든 것이 合力하여 善을 이루느니라(롬 8:28)

규장은 문서를 통해 복음전파와 신앙교육에 주력하는 국제적 출판사들의 협의체인 복음주의출판협회(E.C.P.A:Evangelical Christian Publishers Association)의 출판정신에 동참하는 회원(Associate Member)입니다.